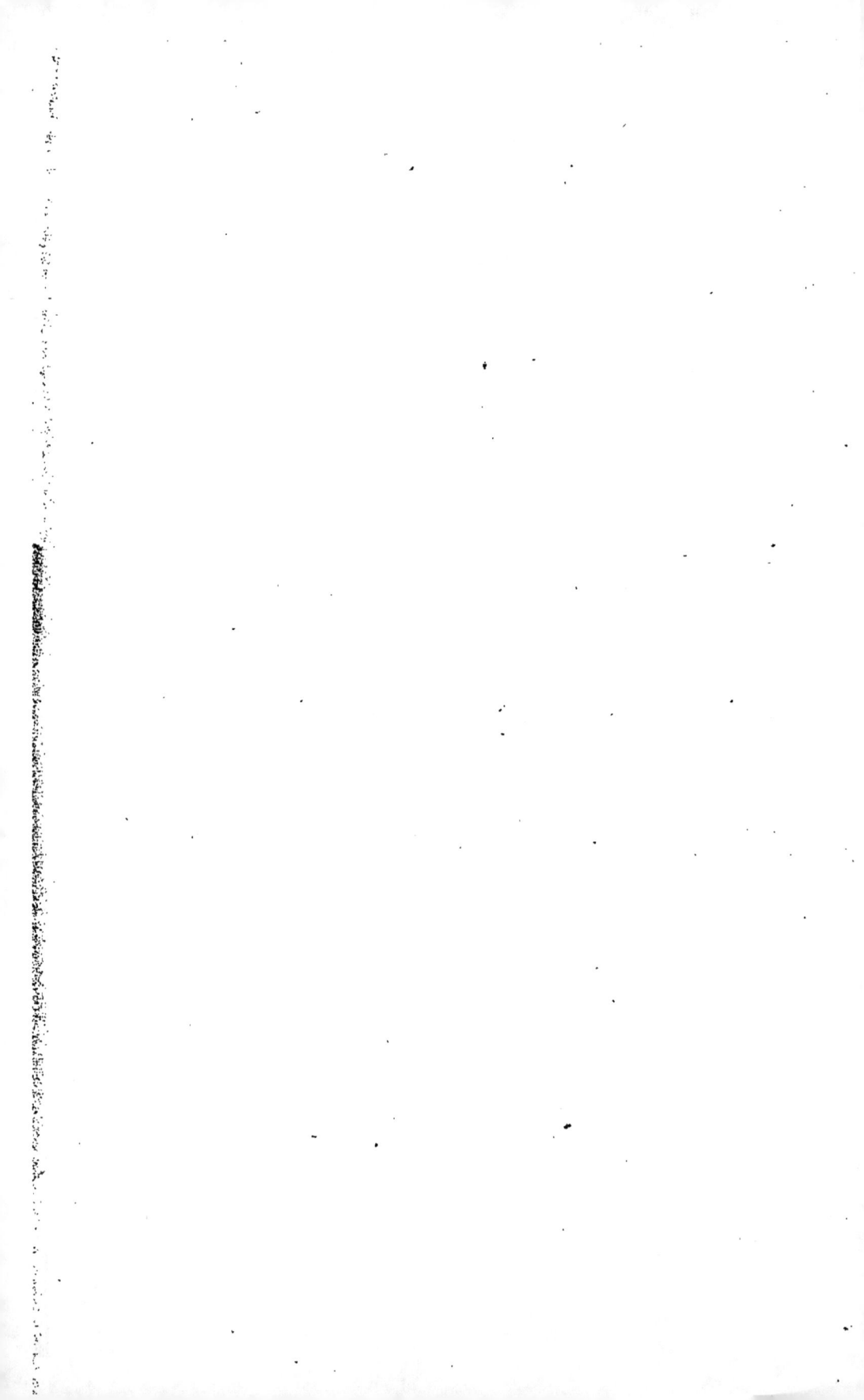

LE DEVOIR
DE PUNIR

INTRODUCTION

A L'HISTOIRE ET A LA THÉORIE DU DROIT DE PUNIR

PAR

EUGÈNE MOUTON

ANCIEN MAGISTRAT

NON UNIUS LIBRI

PARIS
LIBRAIRIE LÉOPOLD CERF
13, RUE DE MÉDICIS, 13
—
1887

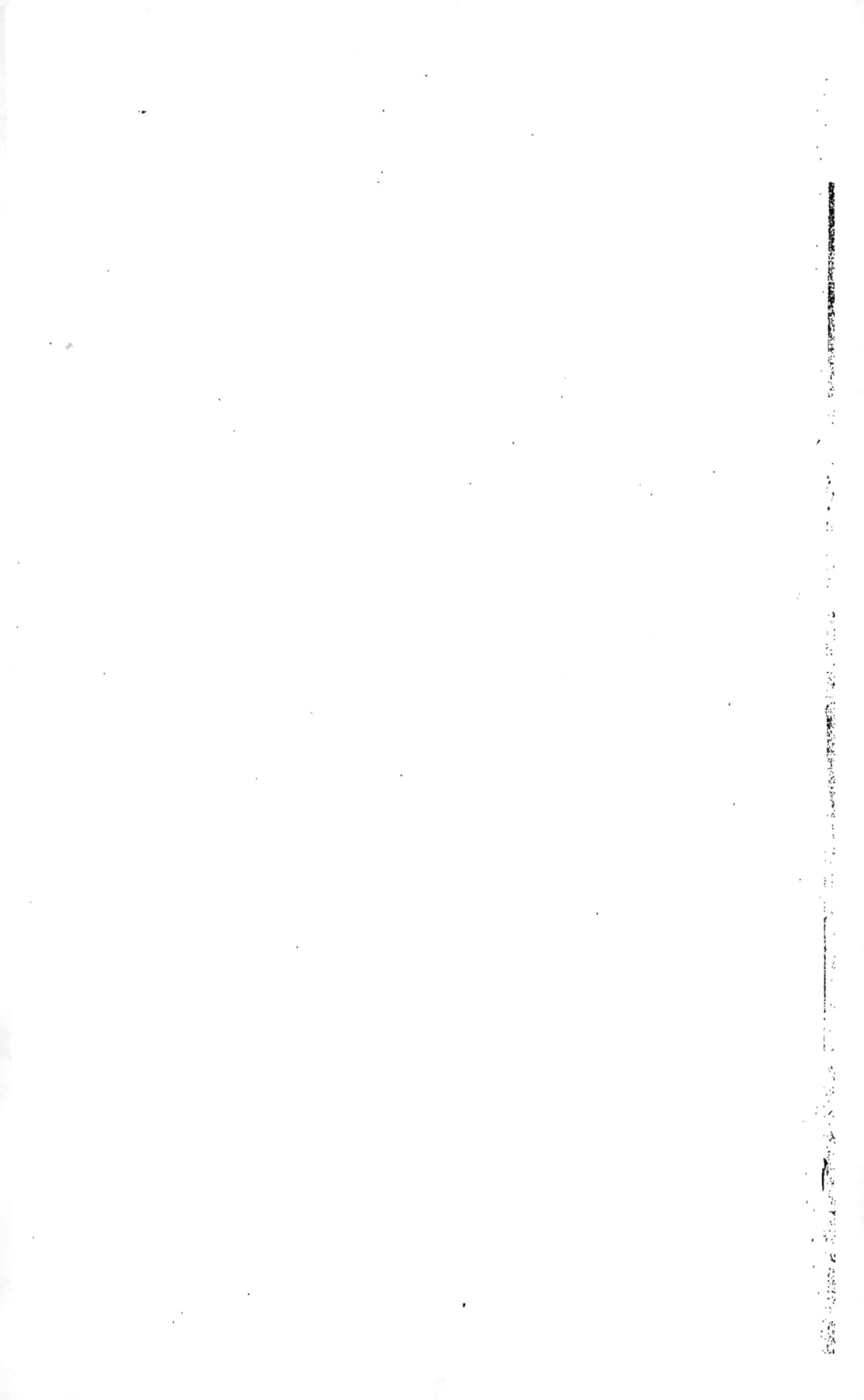

LE DEVOIR DE PUNIR

OUVRAGES DU MÊME AUTEUR

LES LOIS PÉNALES DE LA FRANCE, en toutes matières et devant toutes les juridictions, exposées dans leur ordre naturel, avec leurs motifs. 2 vol. grand in-8° de xi-1655 pages. — Paris, Cosse et Marchal, 1868.

LA PHYSIONOMIE COMPARÉE, traité de l'expression dans l'homme, dans la nature et dans l'art. 1 vol. grand in-8°. — Paris, Ollendorff, 1885.

LA BIBLIOTHÈQUE DE L'ÉCOLE DES BEAUX-ARTS, étude bibliographique et artistique sur cette bibliothèque. — Paris, Joseph Baer et Cie, 1875.

ZOOLOGIE MORALE, études humoristiques, sentimentales et anthropologiques à propos des bêtes (première série), 1 vol. in-12 carré, orné d'une eau-forte par Henri Grenier. — Paris, Charpentier, 1881.

ZOOLOGIE MORALE, études humoristiques, sentimentales et anthropologiques à propos des bêtes (deuxième série). 1 vol. in-12. — Paris, Charpentier, 1882.

FUSIL CHARGÉ. Récit militaire. 1 vol. in-12. — Paris, Léopold Cerf, 1886.

VOYAGES ET AVENTURES DU CAPITAINE MARIUS COUGOURDAN, 1 vol. in-12, avec portrait par l'auteur. Paris. Ollendorff.

CONTES, ornés du portrait « véritable » de l'Invalide à la Tête de Bois, dessiné et gravé à l'eau-forte par l'auteur. 1 vol. in-12. — Paris, Charpentier, 1881.

NOUVELLES, ornées d'une eau-forte par l'auteur. 1 vol. in-12. — Paris, Charpentier, 1882.

FANTAISIES, ornées d'une eau-forte par l'auteur. 1 vol. in-12. — Paris, Charpentier, 1883.

Nota. — Il a été tiré, de chacun des cinq ouvrages qui précèdent, 50 exemplaires sur papier de Hollande.

CHIMÈRE, roman philosophique. 1 vol. in-12. — Paris, Quantin, 1886.

LE DEVOIR

DE PUNIR

INTRODUCTION

A L'HISTOIRE ET A LA THÉORIE DU DROIT DE PUNIR

PAR

EUGÈNE MOUTON

ANCIEN MAGISTRAT

PARIS

LIBRAIRIE LÉOPOLD CERF

13, RUE DE MÉDICIS, 13

—

1887

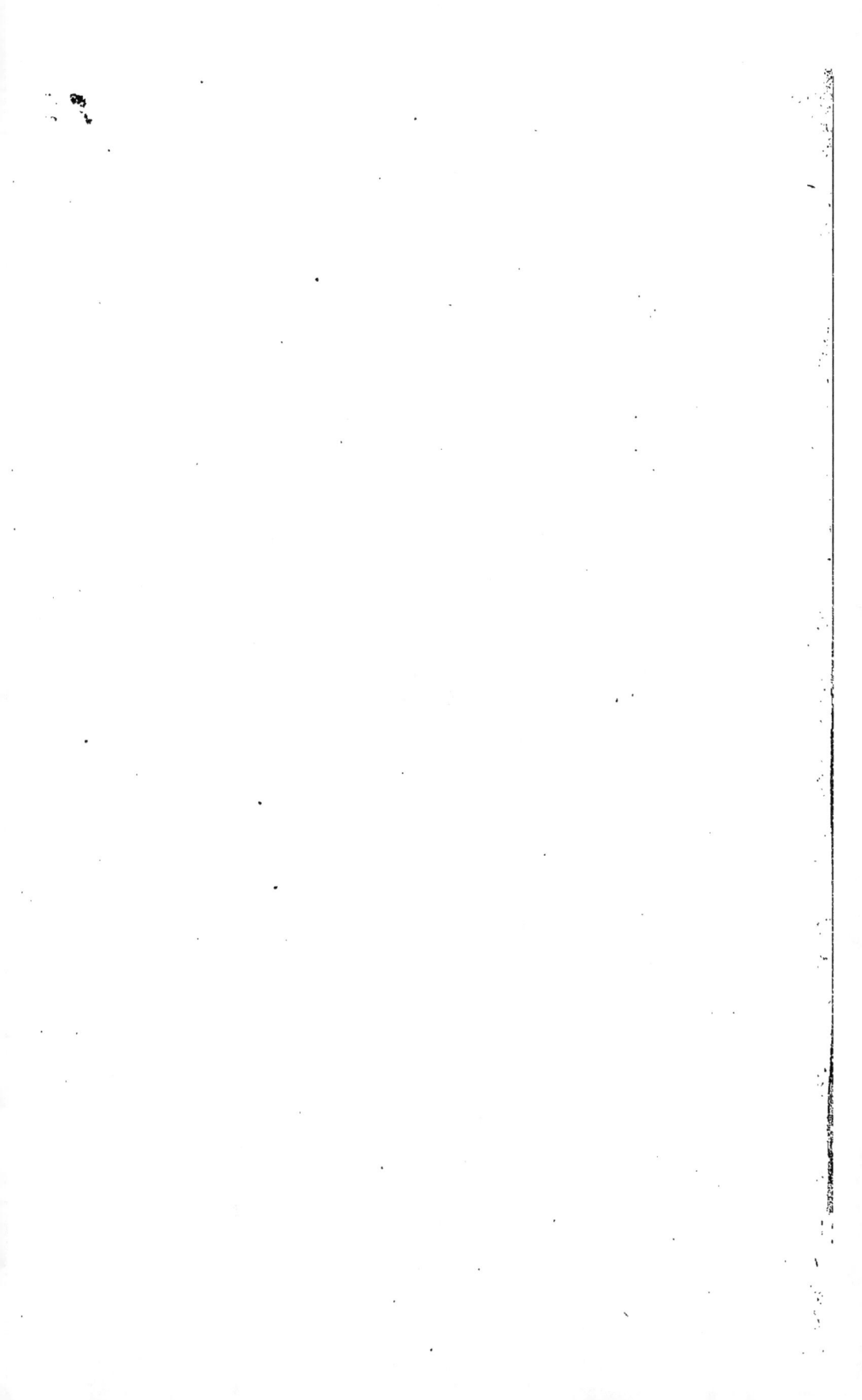

A MONSIEUR K. D'OLIVECRONA

CONSEILLER A LA COUR SUPRÊME DU ROYAUME DE SUÈDE,
ANCIEN PROFESSEUR DE DROIT A L'UNIVERSITÉ ROYALE D'UPSAL,
MEMBRE CORRESPONDANT DE L'INSTITUT DE FRANCE, ETC.,

Je dédie ce livre en témoignage de mon respect pour sa noble vie, de mon admiration pour ses travaux, et de mon inaltérable amitié.

.EUGÈNE MOUTON.

PRÉFACE

« L'inefficacité de la peine, au triple point de vue de la correction, de l'intimidation et de l'amendement, ressort chaque jour davantage des indications de la statistique : le flot de la récidive monte toujours. » Voilà en quels termes le garde des sceaux, dans son rapport au président de la république, résume son impression sur les résultats du compte annuel de l'administration de la justice criminelle en France pendant l'année 1885.

Sous la réserve des rectifications qu'on verra plus loin, ce cri d'alarme exprime le sentiment à peu près unanime des criminalistes de notre temps : il est certain que, depuis le premier jour où l'on a commencé de tenir les comptes de la criminalité, la proportion des récidives par rapport au total des condamnations n'a cessé de s'accroître régulièrement d'année en année.

D'un autre côté, malgré les études des criminalistes et les essais de l'administration, loin qu'on soit
arrivé à déterminer un système de répression définitif et satisfaisant, il semble, à voir les résultats,
que plus on croit perfectionner les peines, plus elles
acquièrent de virulence pour corrompre les condamnés, et de rapidité dans l'incubation du virus pénitentiaire.

Il y a donc, au temps où nous sommes, un trouble
profond dans les âmes au sujet de l'éternelle question
du bien et du mal, et ce trouble s'aggrave parce
qu'on croit voir d'année en année, et par une progression imperturbable, les lois répressives du mal
devenir de plus en plus inefficaces à mesure qu'on
les applique plus souvent.

En voilà plus qu'il n'en faut, je pense, pour rappeler l'attention des penseurs et des hommes d'État
sur cette question du droit de punir, qui ne semble
parfois s'assoupir que pour se réveiller plus mena-
çante. A voir « monter le flot », comme dit dans
son rapport le chef de la justice française, on crie
à la récidive, on crie à la statistique, comme si
c'était avec ces jeux puérils d'arithmétique qu'on
pût résoudre le problème si complexe de la répression du mal.

La vérité, c'est que la question du droit de punir
n'est ni dans la statistique ni dans la récidive.

Des deux ordres de renseignements fournis par la statistique, il y en a un qui ne change presque jamais, c'est la proportion des accusés quant à l'âge, au sexe, à l'état civil, au degré d'instruction ; l'autre, qui est relatif au chiffre des infractions de chaque espèce, à la nature et à la durée des condamnations et aux acquittements, varie d'une année à l'autre sans qu'on puisse savoir pourquoi. Il] n'y a donc rien à conclure des unes ou des autres de ces données.

En ce qui touche la récidive, les chiffres sont encore plus insignifiants. Avant de les regarder seulement, il faudrait savoir d'abord ce que c'est au fond qu'un récidiviste, chercher si les vraies causes de la récidive sont dans l'insuffisance des lois, dans le vice de la répression, et même, j'ose le dire, si la récidive est le grand malheur qu'on croit. On peut, en effet se demander si la moralité générale d'une nation ne gagne pas plus à voir la criminalité se concentrer sur un nombre de plus en plus restreint de récidivistes endurcis, qu'à la voir se répandre chaque année sur un nombre de plus en plus grand de condamnés nouveaux.

A cela on pourrait joindre une autre réflexion qui ne me semble pas non plus à dédaigner ; elle frappera tous ceux qui ont pratiqué la justice criminelle et ont vu de près les populations ouvrières ou rurales : c'est que si la proportion des récidives va s'accroissant depuis cinquante ans avec une régularité géométrique, cela peut tenir à un fait naturel, qui est l'hérédité. Pour qui a vu comme nous combien la moralité est solidaire entre les membres de chaque famille, comment douter que depuis un demi-siècle qu'on observe l'effet de la répression, il se soit formé un grand nombre de familles où la récidive est devenue héréditaire parce que l'immoralité y est héréditaire? Encore une considération dont il faudrait tenir compte pour chercher les vraies causes de l'accroissement des récidives.

On n'aurait pas plus de peine, s'il suffisait de raisonner d'après les résultats, à critiquer les uns après les autres les systèmes proposés depuis cinquante ans pour arriver à obtenir une répression efficace. Mais ce facile triomphe ne mènerait à rien, et quand on aurait démontré, ce qui a été fait vingt fois, que tous ces systèmes sont impuissants, on ne serait pas plus près de trouver celui qu'on cherche.

Tant qu'on ne se sera pas décidé à reprendre la question de fond en comble, on tournera invariablement dans le même cercle, cercle vicieux, puisqu'on ne sort pas des mêmes lois et des mêmes peines, et que, tout en déclarant ces lois et ces peines inefficaces, on entreprend d'en tirer de bons effets.

Par suite de cette singulière perturbation de logique, on en est arrivé, faute de vouloir ou de pou-

voir connaître la nature et les causes du mal, à
s'imaginer qu'on pourrait tout résoudre par la
découverte d'un régime pénitentiaire qui, sans
changer la nature des peines, permettrait de les
exécuter de façon à réparer le mal, à intimider les
justiciables, à corriger le condamné, et même à le
moraliser.

De cette tendance, accentuée de plus en plus
dans ces dernières années, il est résulté une situation singulière, c'est que l'administration pénitentiaire a fini par remplacer la loi pénale, et que des
peines prononcées par les tribunaux il ne reste que
le titre, tant il y a de diversité dans la façon dont
elles sont appliquées. C'est ainsi que dans nos établissements pénitentiaires de l'Océanie, par exemple,
la peine des travaux forcés comporte quatre régimes
distincts, depuis l'emprisonnement en cellule jusqu'à
la liberté presque complète, selon les notes plus ou
moins favorables données sur les condamnés.

Même en France, la peine de l'emprisonnement
n'est pas uniforme, puisqu'elle est exécutée tantôt en
commun, tantôt en cellule, et que certains condamnés
sont astreints au travail tandis que d'autres en sont
dispensés.

La durée même des peines n'est pas plus déterminée que leur régime, car chaque année c'est par
quelque trois mille que l'administration gracie des

condamnés en se fondant sur ce qu'ils se sont bien conduits en prison. Or si, comme il y a quelques raisons assez probables de le croire, la durée de la peine a été arbitrée par les juges dans une juste mesure de modération et de fermeté, ces grâces périodiques et réglementaires, défaisant sans relâche ce que la justice a fait, ne vont à rien moins qu'à substituer l'arbitraire des bureaux aux décisions judiciaires, et à remplacer la loi par l'administration. Sans insister sur les conséquences de toute sorte qu'entraîne une pareille énormité, on peut penser quel contingent elle apporte à cette récidive qu'on impute à la loi et aux tribunaux, quand la faute en est, pour les trois quarts peut-être, aux condamnés, mais pour le quatrième quart, certainement, aux vices propres de notre pénalité et à l'arbitraire qui préside à l'exécution des jugements.

§ Ier.

On peut voir dès lors comment la question du droit de punir, qui comprend indissolublement tant d'objets dont le moindre, à coup sûr, est la recherche de la peine, a été envahie et enfin étouffée par la question pénitentiaire.

Il ne faut pas, du reste, s'en étonner : l'idée du

droit de punir, telle que nous la concevons, est toute
nouvelle. Sauf quelques modifications de peu d'importance, les lois pénales modernes sont parties du
premier mouvement de résipiscence qui soit venu
aux hommes après le long accès de délire de la vieille
justice. Comme les peines sont ce qui frappe le plus
et qu'il est le plus facile d'apprécier, c'est naturellement sur les peines que le sentiment d'humanité s'est
porté tout d'abord. Mais après avoir remédié aux abus
des peines, comme on voyait la criminalité résister
aux efforts de la répression, on a cherché le remède
du mal, et se persuadant que ce remède devait se
trouver dans la nature du châtiment, on s'est laissé
emporter à ce rêve de la panacée universelle, qui est
au fond de tous les systèmes pénitentiaires.

Ainsi posée, la question du droit de punir se trouve
dans le même état qu'était la médecine jusqu'à la fin
du XVIIIᵉ siècle, et où, ne sachant pas un mot d'ana-
tomie, ni de physiologie, ni de pathologie, on prétendait guérir toutes les maladies par des remèdes
empiriques.

L'erreur de l'école pénitentiaire est précisément
la même : elle veut guérir le malade, et elle ne
connaît ni la maladie ni ses causes. Quelque géné-
reuses que soient ses illusions, elle ne pourra jamais,
quoi qu'elle fasse, résoudre une question si complexe
dont elle n'étudie que la moindre part : pour qu'elle

puisse arriver à réaliser son désir de faire le bien, il
faut qu'à côté d'elle se forme une école vraiment
criminaliste qui établisse le cadre de la science et qui,
après avoir classé les faits, les étudie scientifiquement. C'est pour obéir à cette conviction que nous
avons écrit ce livre, où l'on verra, entre autres
contributions proposées par nous, l'essai d'un programme de recherches.

§ II.

Le congrès pénitentiaire international qui s'est
réuni à Rome le 16 novembre dernier, sous la présidence de S. E. M. Depretis, président du conseil
et ministre de l'intérieur du royaume d'Italie, a fait
voir avec un grand éclat quelle place la question
du droit de punir occupe dans les intérêts de la civilisation.

Pendant plusieurs jours, venus de tous les points
du monde et accueillis par le gouvernement et par
le peuple italiens avec des honneurs magnifiques,
les hommes les plus vertueux et les plus éminents
de toutes les nations se sont assemblés, et dans des
délibérations qui resteront mémorables, ont débattu
et résolu vingt et une questions, toutes de la plus
haute importance, et dont plusieurs, touchant aux

sources mêmes de la répression, c'est-à-dire à la loi et aux pouvoirs du juge, montrent combien cette illustre assemblée était pénétrée de la nécessité d'étendre ses travaux dans le sens que nous venons d'indiquer.

L'Italie est devenue depuis quinze ans un centre et un foyer du mouvement scientifique et pénitentiaire, et des monographies de la plus haute valeur y sont publiées. A l'occasion du congrès, on y a vu paraître, sous le titre de *Contributo della Rivista di discipline carceriere ai lavori del congresso penitenziario internazionale,* un recueil de documents et de travaux historiques, statistiques et judiciaires, parmi lesquels on lira avec le plus vif intérêt et le plus grand profit les articles de MM. les Drs Fornasini, Fregni, Marro, l'histoire du pénitencier d'Oneglia, par M. Chiaffredo Giovenale, et la dissertation de M. le procureur du roi Francesco Campeggi sur les pouvoirs du juge.

A côté du congrès pénitentiaire, le congrès d'anthropologie criminelle a siégé à Rome, du 16 au 23 novembre, sous la présidence effective de MM. Lombroso et Ferri. Quatorze questions y ont été débattues. Elles se rapportent toutes, de près ou de loin, à celle qui est le fondement même de l'association, c'est-à-dire, rechercher la mesure de la responsabilité que des circonstances psychologiques ou pathologiques peuvent faire varier.

De telles recherches, loin d'être un sujet d'inquiétude pour les criminalistes, ne peuvent qu'être accueillies avec sympathie et reconnaissance, puisque, touchant au point capital de l'imputabilité du délit, elles sont faites pour donner plus de puissance et de lumière au concours que la justice, depuis qu'elle existe, a toujours demandé à la médecine légale. C'est donc avec le plus vif intérêt que, dans un compte rendu malheureusement trop sommaire, nous avons pris une idée des travaux de ce congrès, et nous espérons que l'anthropologie criminelle, qui n'est qu'un développement de la médecine légale, apportera, comme elle n'a cessé de le faire, des contributions de plus en plus précieuses à la science dont nous demandons l'organisation.

§ III.

La première condition pour entreprendre les études que nous appelons de tous nos vœux, c'est de se rendre compte de l'état de la question du droit de punir : et par là il faut entendre, non pas la façon dont cette question est posée par ceux qui s'en occupent, mais la façon dont elle se pose elle-même, ce qui est tout à fait différent.

Ce qu'il faut reconnaître avant toute chose, c'est la

vanité des formules, des catégories et des programmes, qui prétendent localiser sur tel ou tel point la question pénale. Cette question embrasse un ensemble d'éléments dont chacun exige une étude complète, et tant qu'il restera un doute sur un seul d'entre eux, rien ne sera fait. Or, comme nous l'avons remarqué plus haut, on étudie pour ainsi dire uniquement la question de la peine, et tant qu'on s'en tiendra là il est impossible d'arriver à rien.

Le patronage des détenus, les asiles pour les libérés, sont des conceptions inspirées par des sentiments d'humanité qu'on admire sans doute, mais qui, malgré leur caractère charitable, ne paraissent pas de force à résoudre le problème de la répression.

On en peut dire autant de toutes les doctrines fondées sur l'observation physiologique ou psychologique des accusés : tant qu'on n'aura pas aboli les lois et les institutions judiciaires actuelles, l'intervention de la psychologie ou de la physiologie ne pourra légalement se produire qu'au cours du débat, après que la justice aura eu prononcé la mise en prévention, après que les faits auront été constatés par les témoignages, et seulement au moment où il s'agira de décider, le fait étant reconnu constant, si le prévenu en est responsable. Or, dans ces conditions, c'est l'office actuel du juge éclairé par le médecin légiste : il n'y a donc rien à espérer de ce côté-là comme progrès, puisque nous y sommes, et que malgré l'intervention des médecins légistes, la question de responsabilité morale serait, d'après les anthropologistes - criminalistes, mal réglée par les lois actuelles.

Au surplus quoi qu'on pense là-dessus, quand la question de responsabilité serait résolue dans le sens que demande cette école, celle du droit de punir resterait entière.

§ IV.

Avant donc d'aborder les détails et les systèmes, la première chose à faire serait de rechercher quelle est au vrai la situation de ce monde social, moral et juridique, où il s'agit de porter le fer et le feu de la répression. Il suffit de jeter un coup d'œil sur cette situation pour juger de l'étendue immense, de la complexité infinie, du problème à résoudre.

Il y a deux ordres de faits à considérer : ceux qui résultent des institutions ; ceux qui tiennent au fond invariable de la nature humaine.

Pour prendre ce qui est, et sans nous embarrasser de la question de savoir si tout se passait de même chez nos aïeux, il est de fait qu'au temps où nous

vivons, des jouissances nouvelles, produit du travail
et de la richesse, sont entrées dans le courant de la
vie. Or l'homme veut jouir ; désormais il refuse de
s'en tenir comme autrefois aux désirs et aux espérances : pour lui toute jouissance est un besoin, et
tout besoin est un droit.

Le mécanisme épouvantable des chemins de fer,
des bateaux à vapeur et des voitures publiques, a
déraciné les peuples du sol où chaque homme puisait
jadis sa nourriture ; il a entraîné dans son tour-
billon aveugle les races dont la vie s'écoulait autrefois tout entière sans changer de lieu, et à l'esprit de
famille, de patrie, ont succédé, pour des millions
d'hommes, l'ennui du foyer et le besoin éternel de
changement. Une autre conséquence de cette loco-
motion perpétuelle et universelle, c'est la facilité
qu'elle donne, aux malfaiteurs, de commettre des
crimes et d'en fuir le châtiment ; à tous les hommes
en général, le moyen de se dérober, par des changements continuels de résidence, à cette responsabilité de la réputation, qui est le frein le plus puissant
des consciences faibles ou troublées.

Le développement des correspondances écrites,
l'extension des lignes télégraphiques, en transportant
la pensée d'un bout à l'autre du monde avec la rapidité de la foudre, font voyager les âmes aussi loin
et plus vite que les corps.

Des torrents de journaux, des cataclysmes de livres, de brochures, d'annonces, d'affiches et de dessins, grossissent de jour en jour, d'heure en heure ; on voit venir le temps où, la lecture ayant évincé la pensée, toutes les idées et toutes les choses seront remplacées par du papier imprimé.

Les réunions, les fêtes, les spectacles, les expositions, les banquets, les sociétés, les orphéons, les concours, remplaçant les plaisirs naturels et simples d'autrefois, tirent et poussent les hommes de tous les côtés, les plongeant et replongeant sans cesse dans les foules, loin de leur famille, loin de leurs amis, loin de leurs devoirs.

Sous l'aspiration irrésistible de la cupidité qui crée l'industrie, et de la richesse qui donne le plaisir, les cultivateurs, d'ailleurs ruinés par l'industrie et ne pouvant plus vivre sur leurs terres, les ont abandonnées ; ils sont venus former dans les grandes villes des populations ouvrières ; ils y sont devenus riches, maîtres de leurs patrons par la grève, maîtres du gouvernement par l'émeute.

Ainsi, rien que par l'industrie, par la réunion, par l'association et par la publicité, la statique de la vie est complètement renversée. La race humaine s'est détachée de la terre, elle n'y stationne plus, elle y roule : l'auberge et le wagon ont remplacé la maison paternelle qu'on ne quittait jamais, la

vieille carriole qui, dans ses courses les plus aven-
tureuses, ne dépassait pas les frontières du canton.
L'homme n'est plus ce que la nature l'avait fait, un
immeuble par destination : âme, corps, caractères,
tout cela est mobilisé, est devenu valeur mobilière.
L'individu n'est plus que l'unité d'un groupe : la personne s'absorbe dans les foules ; au milieu de ce
débordement d'hommes et d'idées qui la pressent et
l'étouffent de toutes parts, l'âme garde à peine conscience d'elle-même ; le sentiment, l'intelligence et
la volonté, semblent lui échapper à la fois.

Par suite de la liberté de la presse, les doctrines les
plus abominables, les plus infâmes, peuvent se produire impunément, en dépit des lois pénales qui permettent et ordonnent de les réprimer. On en peut
dire autant des images indécentes dont tous les murs
sont souillés.

On voit ici un phénomène qui, lui aussi, demande
à être examiné, celui d'une loi pénale condamnant
des faits qualifiés crimes ou délits, et d'une constitution républicaine rendant ces mêmes faits non punissables parce qu'ils sont commis en vertu de la
liberté. Sans doute, et je ne veux pas faire d'équivoque, tout cela pourrait être réprimé si le gouvernement le voulait, mais il ne peut pas le vouloir,
parce que si réellement il poursuivait toutes les fois
qu'il y a lieu, il violerait la liberté de la presse, il

violerait la constitution. Je le répète, il y a donc là un point à régler ou à éclaircir.

§ V.

L'instruction publique, c'est-à-dire l'enseignement élevé à l'état d'institution nationale, est encore un fait social tout moderne, et dont l'influence joue, on en conviendra, un rôle considérable dans la moralité générale d'une nation. Autrefois il n'y avait pas d'instruction publique : il n'y avait qu'une instruction religieuse, parce que le clergé seul élevait les enfants. La morale n'était donc pas nationale mais religieuse, et le prêtre, par cela même qu'il enseignait à ses élèves leurs devoirs de chrétiens, leur apprenait leurs devoirs de citoyens.

L'instruction primaire ou professionnelle a pour effet de pousser au déclassement, puisqu'elle donne le moyen de se rendre apte à un grand nombre de professions que les illettrés ne pourraient aborder sans son secours. A côté des avantages, elle a ses inconvénients et ses dangers, qui consistent à dégoûter les classes pauvres des travaux pénibles, et surtout à les livrer sans défense aux suggestions qu'elles trouvent dans la lecture des livres et des journaux inspirés par l'immoralité sous toutes ses formes.

L'instruction secondaire, à un degré plus élevé de l'échelle sociale, n'est pas exempte de certains dangers. Comme tendance au déclassement, il en est de même que de l'instruction primaire. Ne donnant non plus autre chose que des aptitudes et des diplômes, elle fait beaucoup de déclassés qui, autorisés par ces titres à se croire au-dessus des professions agricoles, industrielles ou commerciales, prétendent à des fonctions, à des clientèles, et n'y pouvant parvenir, prennent la société en haine et cherchent à la troubler. Le nihilisme de Russie, de l'aveu de tout le monde, n'a pas eu d'autre cause.

§ VI.

Enfin, selon que certaines tendances prédominent dans l'enseignement public en général, la moralité des élèves est modifiée en sens divers. En France, par exemple, où la religion est officiellement exclue des programmes et des exercices universitaires, les élèves qui subissent ce régime sont destinés à être des athées toute leur vie puisque l'État les dirige dans ce sens, et il est absolument certain qu'un grand nombre d'entre eux fournira dans l'avenir des unités de plus en plus considérables au compte annuel de la statistique criminelle.

Au moment même où nous écrivions ces lignes, un document officiel paraissait comme à point nommé pour confirmer nos prévisions.

D'un travail dressé par les soins de la statistique générale, au ministère de la justice, il résulte que la démoralisation des enfants augmente, depuis quelques années, d'une façon effrayante.

Ainsi, pour les enfants âgés de moins de seize ans, le nombre des prévenus s'est élevé de 2,235 à 5,579 pour les garçons, et de 418 à 908 pour les filles. De seize à vingt et un ans, le nombre des prévenus s'est élevé, pour les garçons, de 5,936 à 20,480, et pour les filles, de 1,046 à 2,839. Enfin le suicide, jusqu'à ces derniers temps inconnu chez les enfants, a donné depuis cinq ans 7 victimes !

Voilà des chiffres auxquels il n'y a rien à répliquer. On a ôté la religion aux enfants que leur pauvreté empêche de jouir de la liberté d'enseignement, on leur a fait subir l'enseignement laïque et obligatoire, et voilà les résultats. Ils sont foudroyants, et ce n'est que le commencement : on ne nous a encore formé, pour l'avenir, que 26,059 électeurs et 3,747 mères de famille. On peut prévoir où nous en serons dans une vingtaine d'années.

Au surplus, quelle que soit l'opinion qu'on ait sur ce point, il n'en reste pas moins bien certain que l'instruction publique a pris depuis quelques années une très grande influence sur la moralité générale.

§ VII.

Aux causes de modification ou de perturbation que nous venons d'exposer, il faut ajouter quelque chose de beaucoup plus puissant, de beaucoup plus étendu, c'est le mouvement économique.

Il n'y a pas seulement à considérer le nombre sans précédent et les proportions colossales des entreprises industrielles, et cette création de la fortune mobilière, qui a bouleversé tous les anciens éléments de la richesse : il faut reconnaître que, sous l'influence du laissez-faire et du laissez-passer, d'une part ; d'autre part, devant l'organisation et le mécanisme de l'industrie et du crédit, la moralité des transactions a cessé d'être ce qu'elle était sous l'ancien régime économique. La distinction entre le bien et le mal n'est pas facile en ces matières, qui, par leur nouveauté, semblent échapper à la conscience.

On peut même dire que la distinction entre le tien et le mien n'est pas devenue moins obscure.

Un père de famille achète à la bourse les valeurs en baisse pour les revendre quand elles sont en hausse. Un banquier, possédant une masse de certaines valeurs, en vend une partie pour les faire

baisser, achète sur le marché tout ce qu'il y en a
de disponible, puis garde tout, fait demander cette
valeur, la fait ainsi hausser, et alors vend tous ses
titres. De ces deux actes, le premier semble licite :
le second pourrait passer, aux yeux d'un honnête
homme, pour une escroquerie : cependant il est aussi
licite, aux yeux des spéculateurs, que le premier.

Il est des cas où la justice elle-même se partage :
on l'a bien vu dans l'affaire Mirès, où les mêmes
faits, d'abord jugés punissables par la première cour
saisie de la poursuite, ont été, après cassation, déclarés licites par la cour de Douai.

Ces exemples, qu'il est inutile de multiplier, font
assez voir que les principes de l'économie politique
nouvelle mettent aux prises la conscience et la
liberté dans des conditions que la législation pénale encore en vigueur n'a pas prévues et ne pouvait pas prévoir.

§ VIII.

Depuis le commencement du siècle, ce qu'on appelle l'esprit révolutionnaire, c'est-à-dire un cours
d'idées entièrement opposées aux conceptions politiques d'autrefois, entraîne ou pousse la majorité
des peuples dans une voie de récriminations, de

revendications, tellement nouvelles, tellement radi-
cales, qu'il est impossible à personne de savoir où
elles tendent et où elles pourront s'arrêter. Au reste,
pour mesurer ce mal dans toute son étendue, il suffit
de lire la *Déclaration des droits de l'homme* : on
voit là quels prodiges de sottise peuvent, à des moments de trouble, sortir du cerveau enfiévré des
révolutionnaires.

Si l'on cherche quelle influence ces idées ont pu
avoir sur la moralité des hommes, la part à faire
aux théories pures serait, il faut en convenir, fort
difficile à déterminer, car il n'est pas de théorie si
insensée qui ne compte parmi ses adeptes de braves
gens. Mais il en est autrement si l'on considère
la pratique révolutionnaire. Sans entrer ici, ce qui
n'est pas de notre sujet, dans l'examen de ce que
valent les doctrines politiques qui ont tour à tour
triomphé dans les révolutions à mesure qu'elles se
succédaient, il n'en reste pas moins au fond de toute
révolution un résidu irréductible, qui est la victoire
de la rébellion et de l'illégalité sur l'autorité et le
droit. Du jour au lendemain, l'insurrection remplace le gouvernement qu'elle a renversé ; tous les
crimes qu'elle a commis sont déclarés méritoires,
et tous les actes d'autorité que le gouvernement
déchu avait faits pour se défendre sont condamnés
et parfois punis comme des crimes.

L'amnistie, qui vient régulièrement innocenter des
faits punis par la loi de peines afflictives et infamantes, est encore une autre pratique dont l'effet
indéniable est d'affaiblir chez tous, d'anéantir chez
quelques-uns, le respect de la justice, la crainte
du châtiment, et, d'une manière générale, la notion
du bien et du mal.

Il faut rapprocher encore de ces considérations
l'abolition de la peine de mort en matière politique,
puisqu'à côté de la morale de droit commun qui
admet la peine capitale contre certains crimes d'une
atrocité particulière, elle institue une morale d'exception en faveur des crimes politiques, qui sont
beaucoup plus dangereux et beaucoup plus atroces
que les crimes de droit commun.

§ IX.

Si, nous tournant vers l'organisation et la pratique judiciaires, nous examinons comment elles
fonctionnent, nous trouverons là encore de nouveaux objets d'attention à signaler aux législateurs
de l'avenir.

De toutes les causes évidentes qui donnent lieu à
l'accroissement de la criminalité, le jury, nous ne
balançons pas un instant à le dire, est la plus évi-

dente. Toute juridiction qui acquitte des coupables
est quelque chose de monstrueux. Dans les conditions où les accusés, après deux degrés de juridiction, sont renvoyés aux assises, on peut dire que
tous sont coupables : à part donc un nombre insi-
gnifiant d'exceptions, tout acquittement est une iniquité, et la conséquence en est qu'il n'y a pas un
criminel qui, au moment où il va commettre un
crime, ne puisse se dire qu'il a bien des chances de
le commettre impunément.

Le jury a encore un danger bien plus effrayant,
c'est pour les innocents. On s'exclame sur le trop
fameux brocard de la vieille justice qui disait que
quand le crime imputé à l'accusé est très grave, des
conjectures, même légères, doivent suffire au juge
pour le condamner : eh bien, devant le jury, et j'en
appelle à tous ceux qui comme moi ont pratiqué
cette juridiction, il est certain que plus le crime
est grave et plus le jury se contente de preuves
légères. Je connais pour ma part trois hommes
dont la tête serait certainement tombée si le magistrat qui portait la parole dans l'affaire n'avait pas
reconnu et démontré au jury, unanimement convaincu de leur culpabilité, qu'il n'y avait pas une
seule preuve ! C'est ce que résumait un jour devant moi un président de cour d'assises en ces
mots :

— Innocent, donnez-moi des juges ; coupable, un jury.

§ X.

Un autre vice de nos institutions criminelles, c'est la liberté des plaidoiries. Sous prétexte du droit sacré de la défense, on laisse insulter les victimes, les témoins, et jusqu'aux magistrats sur leur siège ; on tolère l'équivoque, la mauvaise foi ; on laisse développer des théories immorales, attaquer la loi dans ses principes, la dénaturer dans ses termes. La justice et la société sont mises sur la sellette, et au lieu de la défense d'un accusé, le public venu là pour s'édifier entend un cri de révolte. Tout cela est une violation flagrante des droits de la société, un oubli de ses devoirs les plus impérieux, et si quelque chose peut ajouter au scandale de cet abus, c'est que les présidents d'assises ont été amenés à les tolérer sous peine de voir le jury acquitter dès que le président fait une observation au défenseur.

Ce n'est pas une vaine crainte qui les fait agir ainsi. On a vu, à une certaine session d'assises dans un département que je pourrais nommer, le jury acquitter tous les accusés les uns après les autres, parce qu'à la première affaire le président leur avait déplu par sa manière de conduire les débats.

Je ne crois donc pas sortir de la vraie mesure en disant qu'à mes yeux, de la façon dont fonctionnent nos cours de justice criminelle, le prétoire des cours d'assises est un lieu de grand scandale, et que le peuple qui s'y presse y recueille de pernicieux enseignements.

§ XI.

D'une manière plus générale, d'ailleurs, on devrait reconnaître que la publicité des débats judiciaires n'a aucun avantage et qu'elle a les plus grands inconvénients. Même sans tenir compte du renversement de conscience qu'un homme doit éprouver à voir acquitter des gens dont la culpabilité est évidente à ses yeux, le spectacle du mal, la vue d'un criminel, quel bien cela peut-il faire ? Quand on songe à la terrible puissance de l'imitation, à l'attrait redoutable du mal, ne doit-on pas reconnaître que tout ce qui met le mal en évidence est dangereux ?

Qu'on publie les condamnations, qu'on les exécute publiquement, voilà un exemple salutaire. Mais non : au lieu de cela, nous avons les lois sur la diffamation, qui ne permettent pas de traiter de voleur un homme condamné en cour d'assises pour vol qualifié ;

nous avons l'exécution dans le préau de la prison, qui n'est plus qu'un égorgement furtif, au lieu de ce sacrifice solennel de l'exécution en plein soleil, en présence du peuple que la loi va venger.

Qu'on admette aux procès criminels un petit nombre de témoins pour assurer la publicité des débats, voilà qui suffirait, et qui empêcherait les gens du peuple d'aller par centaines se repaître du plus triste et du plus dangereux des spectacles, celui du mal et de la dégradation morale.

§ XII.

Ce n'est pas tout. Lorsqu'enfin, à travers tant d'obstacles, la société est parvenue à faire condamner un coupable, lorsqu'on doit compter que cette fois du moins force va rester à la loi, le droit de grâce paraît, et soit par une commutation de la peine, soit par une diminution de sa durée, ou même par une dispense entière, vient détruire en tout ou partie l'œuvre de la justice.

Sans doute le droit de grâce est indispensable, quand ce ne serait que pour réparer certaines erreurs judiciaires, et nous ne songeons pas à le critiquer en lui-même. Mais ce qui est inadmissible, c'est le système administratif des grâces collectives distribuées régulièrement chaque année. On les motive sur la bonne conduite des détenus favorisés, ce qui n'est pas une raison sérieuse, attendu qu'un détenu, en ne se conduisant pas mal, ne fait que s'abstenir de malfaire, et cela ne peut en aucun cas devenir un mérite. La vraie raison de ces grâces collectives, c'est l'insuffisance des prisons, et aussi la raison d'économie, plus impérieuse à mesure que progressent le désordre et la dilapidation des finances. Si on ne dégorgeait pas de temps en temps les prisons, on arriverait bientôt à avoir cent mille détenus.

Cette observation, qu'on pourrait préciser par des calculs, peut servir à faire voir, entre autres, les nombreux inconvénients d'un système répressif fondé sur l'emprisonnement. Nous n'y insisterons pas davantage quant à présent, nous réservant d'y revenir plus loin lorsque nous nous occuperons du caractère actuel des peines.

§ XIII.

Nous avons, dans le corps de cet ouvrage, examiné la théorie de classification des peines, et proposé nos objections contre leur division en peines correctionnelles, afflictives et infamantes. Sans vouloir anticiper sur ce sujet, qui demande à être traité à fond, nous devons du moins énoncer ici les termes où se formulent ces objections.

Nous croyons donc que, d'une part, la présomption légale attachée aux peines correctionnelles est arbitraire et vaine, et que d'autre part, l'infamie attachée à certaines peines criminelles excède les droits du législateur. En fait et devant le jugement de la conscience publique, il est telle condamnation correctionnelle pour vol ou pour escroquerie, par exemple, qui déshonore le condamné ; et quant à l'effet des peines correctionnelles, il est si peu de corriger, que la proportion des récidivistes correctionnels est plus forte que celle des criminels. La loi pénale n'a pas le droit d'instituer des fictions de fait ou de conscience ; elle a encore moins celui, comme nous espérons le démontrer en son lieu, d'infliger une dégradation perpétuelle à la personne humaine. L'infamie doit aller rejoindre, dans les gémonies de la vieille justice, la flétrissure, les mutilations, la mort civile, que le législateur de 1810 avait inscrites dans son code.

§ XIV.

Nous avons montré plus haut la vanité de la statistique criminelle lorsqu'il s'agit de rechercher les

causes et même de déterminer l'état réel de la criminalité. On a pu voir combien, par les calculs
décevants qu'on en tire, ce genre de document a de
dangers, puisqu'en dénaturant les faits il induit le
législateur à des appréciations fausses et à des conclusions de pure arithmétique. On peut donc dire
que, de toutes les causes de perturbation qui ont
obscurci la question du droit de punir, la statistique
a été une des plus fatales, quand ce ne serait que
pour avoir ouvert carrière à cette invasion d'esprits
faibles qui, aimant à jouer au justicier comme
d'autres aiment à jouer au soldat, se sont jetés sur
ces chiffres, et, sans études, sans compétence, sans
avoir jamais ni ouvert un code ni interrogé un prévenu, se sont érigés en criminalistes.

Mais la statistique criminelle a eu encore un autre
résultat fâcheux, par l'atteinte qu'elle a portée à l'indépendance de la magistrature.

Dans une institution aussi essentielle, aussi sacrée,
pourrait-on dire, où la première et peut-être l'unique
chose à considérer est le caractère, la valeur per-
sonnelle du magistrat ; où l'on ne saurait avoir assez
de respect pour les hommes chargés de ce pouvoir
si difficile, si douloureux, à exercer ; où l'on ne saurait leur laisser assez d'indépendance et de liberté
d'esprit, est-il rien de plus indécent, de plus dangereux, que de leur demander des comptes en partie

double de leur justice, comme on les demanderait
au caissier d'une boutique? Et encore on ne se contente pas de leur faire ces comptes : il faut qu'ils les
fassent eux-mêmes.

Faut-il insister pour faire comprendre ce qui, sur
des esprits faibles ou timorés, peut résulter, tout le
long de l'année, de cette préoccupation du total
annuel?

S'il n'y avait là que le ridicule et l'inanité de cette
ingérence administrative dans un pouvoir que le
magistrat tient directement de la loi et dont il ne
doit compte qu'à sa conscience, le mal ne serait pas
si grand. Mais ce qui rend la chose bien autrement
grave, c'est que la statistique s'impose comme document prépondérant toutes les fois qu'il s'agit d'une
réforme dans la loi pénale. Or s'il est vrai, comme
nous l'avons dit au commencement et comme nous
en sommes convaincu,' qu'appliquer des raisonnements chiffrés à des faits de conscience et de moralité
est une entreprise absurde, on peut juger quel mal
fait en ce cas la statistique criminelle, et si le législateur, lorsqu'il se confie à ces chiffres aveugles, n'y
devient pas aveugle lui-même.

Sans insister davantage sur l'évidence, nous
tenons donc que l'abus de la statistique criminelle
doit être placé au premier rang des causes qui mettent obstacle à la réforme des lois pénales.

§ XV.

En droit pénal comme dans toutes les choses humaines, la difficulté de réformer les abus est proportionnelle à leur excès : on peut arriver sans trop de peine à avoir raison d'un détail, mais s'il s'agit du principe même d'une institution, on a tout le monde contre soi.

Il n'y a pas seulement à lutter contre cet esprit de conservation qui est en définitive le meilleur de la sagesse sociale ; sans parler des résistances de tous ceux qui sont intéressés à l'ordre de choses établi, il y a une masse d'idées, un capital d'établissements, de lois, de personnel formé au service, que toute réforme radicale rend, du jour au lendemain, inutiles et sans emploi ; et la réforme accomplie, il faut tout reconstruire sur d'autres plans, tout réorganiser sur d'autres principes.

On peut donc dire qu'en matière de progrès social il n'y a pas de plus grand obstacle à toute réforme que la chose à réformer. C'est le cas pour le régime pénitentiaire : ce qui a rendu et rendra longtemps impossible la réforme de ce système, c'est son existence. Si, par un coup de baguette, on pouvait supprimer ces prisons, ces colonies pénitentiaires, et rendre au budget les montagnes d'or qui y ont été englouties depuis tant de siècles, alors on aurait vraiment la question en main : mais jusque-là on ne fera rien de décisif. Pourtant des intérêts comme celui-là vaudraient bien la peine qu'on fît comme pour l'armée et pour la flotte, où, quoi qu'il en coûte, du jour au lendemain, on réforme fusils, canons, vaisseaux cuirassés, et tous les règlements, à mesure qu'un perfectionnement nouveau devient nécessaire.

Eh bien, nous oserons le dire, si quelque jour un des peuples qui se prétendent les plus civilisés de l'Europe venait par hasard à s'aviser qu'il n'y a pas moins d'urgence à se défendre contre les assassins et les voleurs que contre les armées ennemies, au lieu de continuer à émonder ou à greffer l'arbre de la science du bien et du mal, on l'abattrait. Alors, pouvant considérer librement les choses, on reconnaîtrait que si le régime pénitentiaire, malgré tant d'efforts pour l'améliorer, demeure invariablement inefficace et corrupteur, ce n'est pas seulement dans son application, mais dans sa nature même, qu'il est vicieux.

Prendre un homme, le supprimer, le séparer de sa famille, de son pays ; arrêter son travail ; couper ses communications avec ses semblables, s'emparer de sa correspondance ; le séquestrer dans une prison d'où il ne sortira sous aucun prétexte, quand il en devrait être ruiné, quand ce serait pour embrasser sa mère, sa femme, son enfant, à l'article de la mort ; le condamner à la continence ; réduire jusqu'à ses mouvements ; lui interdire la parole, et en même temps le tenir plongé dans une promiscuité hideuse avec tout ce que la société a de plus corrompu, est-ce que ce châtiment, dont nous ne rappelons encore pas tous les détails, ne paraîtrait pas le plus raffiné, le plus barbare, des supplices ?

Et cependant c'est là, c'est dans cette conception digne de l'*Enfer* du Dante, que réside le principe fondamental du droit de punir chez tous les peuples civilisés; c'est ce qu'on appelle une peine humaine, tant est puissante sur les hommes la force du cours des idées, et surtout, tant la conscience du législateur devient aveugle lorsque personne ne se défend contre la loi.

Quand, du haut de notre orgueil de vivants, nous considérons les supplices que des hommes, morts aujourd'hui, s'infligeaient entre eux au nom de la justice, nous n'avons pas assez de malédictions contre ces fous furieux. Mais venons-nous à considérer les peines que nous avons imaginées, nous ne savons pas ouvrir les yeux sur leur véritable nature, nous n'en sentons pas l'atrocité, et celui qui les accuse d'être inhumaines s'expose à passer pour un rêveur. Mais ce que nos esprits aveuglés refusent de voir, la force de la vérité nous le fait sentir jusqu'à l'évidence. Le jour où, comme il arrive pour le régime pénitentiaire d'un pays tel que la France, le chef de la justice répressive est amené à déclarer que chaque compte rendu de l'administration de la justice criminelle démontre de plus en plus l'impuissance et l'effet corrupteur de la répression, il faut qu'enfin on se décide à se demander si cela tient ou non à la nature des châtiments.

§ XVI.

Bien que la déportation ne vaille pas mieux que l'emprisonnement, les lois récentes qui l'ont établie et développée ont été inspirées par le sentiment de l'inefficacité du régime pénitentiaire. D'ailleurs l'idée de la déportation, idée essentiellement démocratique, est faite pour séduire les hommes composant en ce moment la majorité de nos assemblées législatives. Avec l'instruction classique et l'ignorance profonde de choses présentes, qui forme le caractère du jacobin et de tous les écoliers du XVIIIe siècle, le législateur républicain de nos jours voit dans la déportation de l'homme un moyen sans réplique d'écarter les idées qui déplaisent, et croit que le même

moyen est bon pour supprimer toute difficulté politique ou sociale.

C'est ainsi que, malgré près d'un siècle d'expériences tentées par tous les peuples et abandonnées
par tous, le gouvernement français recommence cette
entreprise insensée, impraticable, de former à douze
ou quinze cents lieues de la métropole des établissements pénitentiaires qui, s'ils remplissent leur destination, auraient un jour à contenir quarante mille
détenus ! Entreprise folle de tous points, puisque,
sans entrer dans les détails d'installation de ce
peuple de détenus et de l'armée de soldats et de
fonctionnaires qu'il faudrait pour les garder et les
entretenir, rien que les frais de transport d'un seul
détenu dépassent 1,500 francs. Mais nulle raison n'a
pu prévaloir contre le parti-pris de la majorité des
deux chambres.

Nous ne saurions mieux faire que de renvoyer le
lecteur au discours que M. Bérenger a prononcé sur
ce sujet au sénat, lors de la discussion à la séance
du 5 février 1885.

D'ailleurs quand elle ne serait pas impraticable de
sa nature, la déportation est désormais intolérable
pour les peuples auxquels on voudrait imposer le
voisinage des colonies pénitentiaires. Aujourd'hui
que les diverses nations de l'Europe prennent position à peu près sur tous les points du globe, les dé-

portés deviennent un danger international. L'Australie, peuplée originairement par les convicts, est une des plus ardentes à réclamer, et on a pu voir quelle agitation y a excitée la seule crainte de l'annexion des Nouvelles-Hébrides par la France en vue d'y établir un pénitencier.

En dehors de ces impossibilités de pratique, qui sont déjà péremptoires, il y a dans le principe même de la déportation un vice d'inhumanité : nous croyons qu'elle excède le droit du législateur. On trouvera exposées dans le corps de ce livre les raisons sur lesquelles nous avons cru pouvoir établir cette opinion : nous nous bornerons quant à présent à soutenir que non seulement la déportation est inexécutable en pratique, mais qu'elle est aussi contraire au droit naturel qu'incompatible avec le droit des gens.

§ XVII.

Quoi qu'il en soit, emprisonnement et déportation, tels sont les deux pôles entre lesquels notre droit pénal semble condamné à osciller perpétuellement, comme si toute la question du droit de punir était là. Et ce qu'il y a de plus extraordinaire, par une pétition de principe sans issue, tout en proclamant, à grand tort d'ailleurs, que le problème du droit de

punir est tout entier dans la question pénitentiaire,
on commence par garder les deux peines fondamentales du régime qu'on prétend réformer !

La vérité, c'est que l'emprisonnement, aggravé
et prolongé dans les proportions où on l'applique
généralement en Europe, est, si on le mesure aux
conditions naturelles de la vie et aux droits sociaux
de l'homme, quelque chose d'aussi exorbitant, d'aussi
barbare, que les supplices les plus fous du moyen
âge : nous le trouvons tout naturel parce qu'il a lieu
de nos jours, mais quand les générations à venir
le considéreront à la distance de quelques siècles,
sans aucun doute leur jugement sur cette peine sera
celui que j'en ose porter aujourd'hui.

D'ailleurs et quoi qu'on en pense, nous espérons
en tout cas avoir du moins convaincu le lecteur qu'il
ne suffit pas de modifier l'exécution de l'emprisonnement et de la déportation pour avoir résolu la
question du droit de punir ; qu'il faut examiner ces
deux peines dans leur nature propre, et rechercher si
les vices et l'impuissance de la répression ne tiennent
pas à cette nature même.

§ XVIII.

Si la moralité d'une nation devait se mesurer au

nombre de soldats qu'elle peut mettre sous les
armes, il faudrait considérer les armées permanentes comme la grande école de moralité de tout
peuple civilisé.

Mais bien que la guerre soit une nécessité et un
devoir, elle est un mal; et malgré que les hommes,
par ce besoin d'illusion qui les porte à se donner le
change sur les douleurs de la vie, s'en soient fait
une gloire, elle n'en reste pas moins ce qu'elle est, la
plus grande peut-être de leurs misères. Ce n'est pas
seulement pendant la guerre, c'est toujours et sans
cesse, que le régime des armées permanentes pèse
sur les soldats, en prenant leurs forces et leur
liberté, sur les citoyens, en les chargeant d'impôts,
en leur enlevant leurs fils.

Que donne-t-elle en échange à la nation? la sécurité quelquefois, mais toujours l'incertitude de
savoir si demain la guerre ne va pas recommencer.
Au soldat, elle donne la nourriture, le vêtement,
l'instruction militaire et des armes, mais elle le
dégoûte du travail, elle le sépare de sa famille et
de son pays; tous les sentiments, toutes les idées
de la vie naturelle, elle les lui suspend pour cinq
années, et remplace cette vie morale par une vie
militaire qui se réduit à un seul et unique devoir,
obéir. Quand, au bout de ses cinq ans de service, le
soldat libéré sort de la caserne, il y laisse la seule

vertu qu'on lui ait apprise, puisqu'il n'a plus de chefs.

Il retourne à son village, oublieux de ses affections, habitué à boire, à fumer, à courir, dédaignant ses anciens compagnons, et n'ayant plus d'autre idée que de retourner dans les villes pour y trouver des salaires élevés, un métier doux, des plaisirs. Et voilà, neuf fois sur dix, un ouvrier de plus pour le travail des émeutes.

Il n'y a donc pas à se le dissimuler et tout le monde le sait : le service militaire est par lui-même une grande cause de démoralisation pour le peuple, cause dont la puissance va s'accroissant et s'accélérant à mesure que grossit le nombre des troupeaux humains passant à travers les cadres de nos armées sans même y prendre, comme autrefois, cet esprit militaire qui devenait à la longue une vertu. Ce n'est pas seulement la promiscuité propre à tout casernement, qui agit sur le moral du soldat, c'est cette atmosphère d'ivrognerie et de débauche répandue autour des casernes ; c'est ce peuple de cabaretiers, de filles, de prêteurs sur gages ; c'est le contact avec les mauvais ouvriers ; c'est la lecture des journaux et des livres infâmes ; enfin toutes les tentations qui peuvent, loin de son pays et de sa famille, assaillir un garçon de vingt ans. Un saint y perdrait son âme, aussi n'y a-t-il que les très bons sujets qui résistent ; presque tous les autres s'y perdent.

Voilà donc, dans les institutions nées du temps où nous vivons, une cause de perturbation morale qui n'existait pas autrefois, et dont il faudra tenir compte pour l'étude de la criminalité en général.

§ XIX.

Nous arrivons enfin à ce qui, selon toute apparence, est la cause la plus fréquente et la plus efficace de la criminalité : l'alcoolisme. De la criminalité ; il faut ajouter : de la folie et du suicide, car crime, folie ou suicide, sont trois formes et peut-être même ne sont que trois aspects, de l'épidémie mentale qui va s'infiltrant de proche en proche, comme la tache d'huile.

Tout est assez dit sur l'alcoolisme pour qu'il soit superflu d'y revenir ici. Nous prierons seulement le lecteur de vouloir bien se souvenir : que ce vice n'a pas seulement pour effet de démoraliser l'homme ; qu'il démoralise la race héréditairement, car les enfants de l'alcoolique naissent alcoolisés, et ceux qui sont procréés pendant l'ivresse sont souvent idiots ; que non seulement ce vice pousse au crime, mais qu'il en vient à rendre l'agent irresponsable.

Irresponsabilité d'autant plus effrayante, qu'une fois interné dans un hospice et privé d'alcool, l'homme reprend sa raison et sa moralité ; qu'il se guérit ; qu'on est obligé de le remettre en liberté ; qu'à peine libre il boit ; qu'à peine il a bu, il tue.

Ce n'est pas tout, car considérant ici les causes de démoralisation sous toutes leurs faces, nous ne devons pas oublier qu'avant de faire des fous furieux, l'alcool fait des ivrognes, et qu'avant de faire des ivrognes, il fait des fainéants, des joueurs, des débauchés, qui commencent par le vin pour finir par l'absinthe.

On ne saura donc jamais de quelle énormité peut être le contingent de l'alcoolisme dans la moralité d'un peuple. Même il faut se borner à le chercher dans telle ou telle nation, et se garder des moyennes universelles, car il est certain que l'alcool n'a la même influence ni sur toutes les races ni dans tous les climats. Sous cette réserve, personne ne songe à contester que l'alcoolisme ne soit une des principales causes de la criminalité.

Si quelque chose peut rendre ce mal plus désolant pour des peuples qui se prétendent civilisés, c'est que la source en est pour ainsi dire uniquement dans la cupidité des fabricants et commerçants, d'une part, et d'autre part, dans ce qu'on peut appeler l'infamie fiscale des gouvernements. Labourage et pâturage ne

sont plus, comme au temps de Sully, les deux mamelles de l'État : au temps où nous vivons, ces deux
mamelles s'appellent alcool et tabac. Le budget des
peuples repose sur deux vices, et si demain les
hommes s'abstenaient de fumer et boire avec excès,
tous les États feraient banqueroute.

Cet état de choses, honteux pour la civilisation, est-
il irrémédiable ? Ce serait désolant de le croire, et il
faut espérer qu'un jour viendra où les sociétés humaines trouveront moyen de s'organiser et de se
soutenir autrement qu'en empoisonnant et en affolant
les trois quarts de la population ; mais pour ce qui
est du présent, quand on songe à tout le mal produit
par ces établissements d'ivrognerie que le fisc mul-
tiplie avec une avidité insatiable, il faudrait écrire à
la porte de tous les cabarets : CHEMIN DE LA POLICE
CORRECTIONNELLE, et sur l'enseigne de tous les cafés :
ROUTE NATIONALE DE LA COUR D'ASSISES.

C'est ainsi que, puisant sa source principale dans
l'exploitation qu'en fait le fisc, l'ivrognerie, sous le
régime économique actuel de l'Europe, a cessé d'être
un vice naturel à l'homme, pour devenir un crime
gouvernemental. C'est à ce titre que nous avons dû
ranger l'alcoolisme parmi les causes légales de la
démoralisation des hommes.

§ XX.

Tels sont les faits généraux qui, depuis le commencement du siècle, sont venus modifier d'une manière si profonde le milieu où s'agite la moralité des
masses humaines ; on ne voit pas que le législateur ait jamais beaucoup songé à en tenir compte
dans les lois répressives édictées depuis ce temps.

En regard de ces faits nouveaux, si l'on revient à
l'examen des causes naturelles et invariables du
mal, on voit que ces causes sont restées les mêmes
depuis l'origine du monde. Je crois que si l'on considère sans parti-pris de système cette espèce d'ensemble de fonctions qui produit le mal, on peut le
ramener à des éléments en petit nombre et très nettement déterminés.

Il y a d'abord la perversité native de chaque
homme pris à part. Elle est, tantôt héréditairement,
tantôt par des causes accidentelles, comme un di-
vidende forcé de la quantité inconnue de mal qui
flotte dans l'air. Cette perversité naturelle, autant
qu'on en peut juger, est la cause la plus fréquente
des actes immoraux. Sans doute la loi n'y peut rien,
mais les mœurs et l'éducation peuvent la réduire
indéfiniment.

§ XXI.

A côté de ce penchant, et exerçant sur les déterminations de la conscience un pouvoir d'une force incalculable, l'imitation doit être considérée comme produisant probablement à elle seule tout le reste du mal qui se commet en ce monde. La récidive, sans aller plus loin, est-elle autre chose que l'imitation de soi-même ?

La perversité naturelle et le penchant à l'imitation sont donc exactement, dans l'ordre moral, ce que sont, dans le monde physique, l'attraction et l'affinité. Ce sont les deux forces génératrices du mouvement qui produit le mal. On voit, à n'en pas douter, que si on pouvait les supprimer on supprimerait le mal, et dès lors on peut prendre pour principe fondamental de la théorie du droit de punir que tout ce qui, de près ou de loin, pourrait tendre à combattre la perversité native et l'imitation, doit être recherché par-dessus tout.

§ XXII.

Pour ce qui est des mobiles du mal, si l'on pouvait guérir les hommes de la paresse, de l'amour, de l'orgueil et de la cupidité, on aurait supprimé du même coup presque tous les crimes. Mais quand on aurait fait ce miracle, une heure ne se passerait pas sans qu'on vît tout recommencer, si on leur laissait la misère : la misère, qui, après la perversité et l'imitation, est la cause la plus générale et la plus irrésistible de l'immoralité.

§ XXIII.

On a beaucoup parlé de l'ignorance. Pour se rendre compte au juste de ce que son influence peut valoir, il aurait fallu l'observer isolée de la pauvreté : mais elle en est la compagne inséparable, et jusqu'à ce que des faits et des preuves soient venus éclairer ce point très peu exploré, je ne suis pas encore tout à fait convaincu qu'il suffise, selon le rêve généreux d'un des hommes les plus respectables de notre temps, « d'ouvrir les écoles pour fermer les prisons ». Si la réforme pénitentiaire dépendait de moi, je commencerais par ouvrir les bourses.

§ XXIV.

L'absence de religion est une cause d'immoralité.

Elle ne l'est pas pour tout le monde, et il est bien certain qu'un homme qui ne manque de rien, qui a pu par son instruction s'édifier sur les avantages de la vertu et sur les inconvénients du vice : qui vit heureux, entouré d'honnêtes gens, n'a pas grand'peine à rester honnête homme ; il n'y a même, je le dis nettement, aucune espèce de mérite, puisqu'il ne serait pas moins sot que coupable de vivre mal. Mais le pauvre, mais le misérable, mais le loup humain toujours affamé; celui qui n'a ni pain à manger ni lit pour dormir ; mais le pauvre seulement, qui souffre des privations; qui est las de travail, qui vingt fois par jour voit passer des tentations que d'un geste quelquefois il pourrait satisfaire, quelle raison se donnera-t-il pour continuer à subir sa misère s'il ne croit pas qu'il y a quelque part un Dieu pour le punir d'avoir fait le mal, et, s'il a bien vécu, un paradis pour se reposer des peines de la vie ?

§. XXV.

J'espère avoir assez fait voir par ces observations comment les causes individuelles du mal peuvent se réduire sur un champ d'études beaucoup moins étendu qu'on ne pourrait croire, et je serais heureux si j'avais réussi à montrer qu'on peut ici simplifier beaucoup.

Je me permettrai encore, pour donner à cette partie de mes propositions une lumière d'ensemble qui en fera voir les rapports et les liens, de présenter, comme une vérité essentielle à considérer, cette idée que *l'homme fait le plus de bien et le moins de mal qu'il peut.* Je ne me dissimule pas tout ce qu'on peut dire là-contre, mais on aperçoit assez quelle importance aurait ce principe si, comme j'en suis convaincu, il est vrai. La question vaut en tout cas la peine qu'on l'examine, et je la propose à l'examen des hommes qui travaillent à la réforme des lois répressives.

§ XXVI.

Enfin à toutes ces causes naturelles du mal il faut ajouter la folie.

Le nombre des fous, qui était, au commencement du siècle, en France, de 15,000, est aujourd'hui de plus de 34,000, et chaque année, par le double effet de l'alcoolisme et de l'hérédité, ce nombre augmente dans une proportion régulièrement croissante. Les meurtres et les incendies journellement commis par des fous sont assez connus pour que nul n'ignore de quels dangers nous menace cette expansion continue de l'aliénation mentale.

Mais si l'on pouvait se rendre compte du nombre infini de cas où des actes délictueux, notamment les vols et les attentats aux mœurs, ont été influencés ou déterminés par la folie, la question paraîtrait bien autrement effrayante. Arrivée à ces termes, en effet, la folie n'est plus seulement une cause du mal, elle met en question, non dans telle ou telle cause, mais d'une manière générale, l'imputabilité du mal, et si on se laisse aller jusqu'où cette idée peut conduire, on en vient bientôt à voir un fou dans tout prévenu. C'est ce qui était arrivé au commencement de ce siècle, dans l'éblouissement des lumières nouvelles qu'on vit alors paraître sur l'aliénation mentale. La même opinion qui s'était égarée sur la fameuse doctrine de la monomanie a fait peu à peu rentrer la médecine aliéniste dans les bornes de sa compétence, et la question de savoir si un prévenu est responsable de l'acte qu'il a commis reste réduite à l'état d'élément du débat, pour être soumise, avec les autres questions, au juge de la cause.

§ XXVII.

Nous ne nous sentons pas l'autorité nécessaire pour

juger si, comme le prétend une nouvelle école de criminalistes, le droit de faire la loi pénale de l'avenir appartient aux anthropologistes et aux médecins aliénistes, à l'exclusion des jurisconsultes et des magistrats. Suivant cette école, la science seule pouvant décider de l'imputabilité et même de la nocuité d'un acte qui aura lésé quelque intérêt individuel ou public, la science seule aurait le droit, non seulement de juger l'homme, non seulement de juger l'acte, mais de définir le fait punissable.

On le voit, il ne s'agit plus ici pour la médecine légale d'apporter son témoignage dans une instance engagée par la justice et soumise à la décision d'un tribunal ou d'un jury : ce que l'école nouvelle réclame, et que même, dans l'ardeur de sa conviction, elle proclame comme un fait acquis, c'est l'abolition de la responsabilité telle que la loi pénale l'a établie, et de plus, la caducité de toutes les incriminations définies par les lois pénales.

Sans vouloir, nous le répétons, discuter ici des affirmations qui, au moins en fait, nous semblent autoriser quelques doutes tant que les lois répressives et l'organisation judiciaire des nations européennes continueront d'exister, nous pouvons du moins prendre acte de cette grande entreprise philosophique pour faire voir quelle importance des hommes éminents, autorisés par leur science et par

leurs travaux et appartenant à toutes les nations de
l'Europe, attachent à cette question de la responsabilité, qui est en effet le fondement du droit que la
société s'attribue de punir ou d'innocenter tel acte.
Quelle que doive être la fortune des théories de toute
sorte auxquelles a donné lieu et donnera lieu cette
question terrible de la folie criminelle, il est à pré-
sumer et il faut espérer que, sans aller jusqu'à
mettre des anthropologistes et des médecins de fous
à la place des magistrats, sans remplacer le code
pénal par un codex médico-psychologique, le législateur sera amené à sentir que, pour pourvoir à la
demi-responsabilité de ces demi-coupables qui ne
sont ni fous ni raisonnables, il faut un ordre mixte
de répression, tenant de la médecine par l'humanité, et, j'oserai le dire sans hésitation, de la justice par la peine.

§ XXVIII.

Telles sont, entre mille, les questions préjudi-
cielles que le législateur doit résoudre avant d'entreprendre au fond la réforme des lois pénales.

Mais quand on aura fait ce premier pas, il faudra
en faire un autre, et aborder la question de l'incrimination. Avant même de se demander : Qu'est-ce

qu'une peine ? il faut se demander : Qu'est-ce qu'un délit ?

Si le monde moral en était au même point qu'autrefois, où mal et péché ne constituaient qu'une seule et même infraction définie et punie par l'Église au nom d'une seule et même loi, la loi religieuse, cette question de l'incrimination n'existerait pas plus aujourd'hui qu'elle n'existait au moyen âge.

Mais nous n'en sommes plus là, et non seulement l'Église n'a plus de juridiction hors du confessionnal, mais il y a un nombre considérable de faits immoraux que la loi pénale laisse, de propos délibéré, en dehors de son action comme n'intéressant pas la société. Même dans le cas où l'infraction est prévue par la loi pénale, on sait que le ministère public peut laisser la poursuite à la partie directement lésée par le délit.

Il n'y a donc plus, dans le monde moral de notre temps, cette unité de bien et de mal qui ne comportait ni distinctions, ni réserves, ni immunités. Le principe, désormais incontesté, de la liberté de conscience, place en dehors et au-dessus du droit de punir, non seulement les idées, mais leur manifestation, quelque contraires qu'elles puissent être aux principes de la morale, de la religion, de la société même. La loi pénale n'intervient, et seulement

en certains cas, que si la publicité, l'outrage, la violence de l'attaque, paraissent de nature à porter
atteinte à l'ordre public ou au respect des consciences. Il y a d'ailleurs dans les franchises de
la plaidoirie, dans les privilèges parlementaires,
dans le droit de preuve contre un fonctionnaire
public diffamé, etc., beaucoup d'autres cas où des
faits immoraux en eux-mêmes ne sont pas incriminés. Par des raisons différentes, mais toujours
par des considérations d'ordre public, certains faits
contraires aux bonnes mœurs sont laissés sans répression, parce que le législateur a pensé que la
poursuite en serait par trop scandaleuse.

§ XXIX.

Désormais donc le mal se compose de deux parts :
celui que la loi pénale réprime; celui qu'elle laisse
à l'appréciation des consciences.

Or s'il est sans difficulté d'admettre en principe
cette distinction, la société ne pouvant évidemment
pas tout poursuivre, l'application n'en reste pas
moins une des trois questions fondamentales du droit
de punir : Qu'est-ce qu'un fait punissable ? Quand le
législateur aura répondu : c'est ce que la loi définit
comme tel, on saura quel est l'état actuel de la législ-

lation, mais on ne saura.pas pour cela si la législation est bonne.

Sans doute, en fait, la loi peut s'avancer et s'arrêter où il lui plaît, mais le fait n'est pas le droit, et dans la réforme pénale c'est le droit qu'il s'agit de déterminer. La société n'a pas seulement des devoirs à l'égard des auteurs d'actes nuisibles qui alarment et sollicitent les consciences : elle en a envers ses propres membres, auxquels elle doit protection, elle en a envers elle-même, car elle doit se défendre et se conserver. Son action ou son abstention n'est pas chose arbitraire ou indifférente : l'une ou l'autre doit se justifier par une raison ou par une nécessité, et soit qu'elle incrimine un fait mal à propos, soit qu'à tort elle s'abstienne de l'incriminer, le mal direct ou indirect qui en résulte retombe sur tous les citoyens, et c'est elle qui en est responsable. D'ailleurs on ne saurait douter que les délits dont la loi se désintéresse n'influent sur la moralité générale par le fait même de leur impunité ; certainement l'exemple en est contagieux et ne peut manquer d'inspirer, par l'imitation, des délits du même genre.

Telle est, réduite à ses termes essentiels, la question que nous avons essayé d'examiner dans la seconde partie de notre ouvrage.

§ XXX.

Étant résolues les deux questions de l'incrimination et de la peine, reste à déterminer la relation
entre la peine et le délit. Ici nous n'avons à exposer
aucune considération préliminaire à ce que le lecteur
trouvera dans le corps de cet ouvrage, et il nous
suffit d'avoir indiqué ce point.

Ainsi se trouvera tracé le plan de notre étude.

Nous espérons avoir mis en lumière l'idée générale qui a inspiré ce livre. Cette idée en explique le
titre. Les trois mots : devoir de punir, nous semblent en effet formuler en termes exacts la conception de l'obligation et de la responsabilité sociales,
par opposition à l'arbitraire et à l'irresponsabilité
que représentent les mots : droit de punir.

D'ailleurs on ne s'y méprendra pas, et nous osons
donner l'assurance que quand on aura lu ce travail,
on n'y aura rien trouvé qui tende à sacrifier, soit
l'homme à la société, soit la société à l'homme.

LE DEVOIR DE PUNIR

CHAPITRE Iᴱᴿ

ÉTAT DE LA QUESTION

Depuis des siècles que les sociétés humaines sont établies sur la terre, le droit de punir a toujours été considéré comme procédant ipso facto de tout fait nuisible.

On peut prendre au hasard parmi tous les actes de répression exécutés par la justice humaine depuis le commencement du monde, on n'en trouvera pas un qui soit au fond, à part les circonstances, autre chose que ce que fut le soufflet donné par le premier des pères, irrité, au premier des fils, désobéissant.

Ce premier acte de justice, quelque éloigné que soit de nous le temps où il s'est accompli, n'en est pas moins la source philosophique de toutes les incriminations et de toutes les peines que les hommes ont édictées par la suite des temps ; et le châtiment, après être sorti tout armé du cœur d'un père, comme Minerve du cerveau de Jupiter, a pris possession de son empire du même droit dont les chefs de tribu d'abord, et plus tard, les rois et les gouvernements, devaient prendre la direction des peuples. Il n'est pas d'institution humaine qui n'ait, en effet, eu pour origine un homme, soit que cet homme se soit attribué de lui-même un des pouvoirs sociaux, soit que la communauté lui en ait imposé la charge. C'est de ce premier anneau que part la chaîne de toutes les traditions.

Mais la nature propre de ce droit, les conditions de son exercice, l'étendue de sa sphère d'action, et surtout la spécialité unique de son objet, lui donnent une place à part, on pourrait presque dire au-dessus, des institutions civiles et politiques des sociétés humaines. Car, à part les religions, dont nous n'avons pas à tenir compte ici puisqu'elles sont représentées comme étant d'institution divine, seul le droit de punir, en prescrivant ou en interdisant à l'homme un certain nombre d'actes déterminés, a pu entreprendre de pénétrer dans son for intérieur et d'y aller saisir

sa conscience, pour lui imposer certaines conceptions de morale ; sa volonté, pour l'enchaîner ou la
contraindre. Et comme l'accomplissement d'une telle
entreprise impliquait nécessairement : un code de
morale obligatoire et indiscutable ; des pouvoirs illi-
mités pour la recherche et le jugement du fait punissable ; des moyens irrésistibles pour l'exécution des
peines ; comme enfin la question du bien et du mal
est partout et que la conscience n'a pas plus de ri-
vages que n'en a l'univers moral, la vie entière de
l'homme, dans son étendue comme dans sa durée,
est devenue de proche en proche l'apanage de ce
pouvoir.

Comment et par quels développements le droit de
punir en est venu à cet envahissement complet de
l'individu et de la société, c'est ce que nous allons
rechercher tout à l'heure. Mais ce qu'il importe de
remarquer d'abord, parce qu'il faut toujours avoir
les yeux fixés sur cette grande vérité, c'est qu'à
toutes les époques de son histoire, aussi bien hier
que le premier jour, le droit de punir s'est toujours
affirmé immuable et infaillible ; qu'il n'a jamais pro-
cédé que de lui-même puisqu'il n'a jamais eu d'autre
origine que la tradition ; que jamais le genre humain
ne l'a sommé de produire ses titres comme il l'a fait
pour toutes les autres institutions ; qu'au contraire
toutes les révolutions et tous les despotismes y ont

invariablement couru comme à l'arme la plus sûre
pour renverser ou détruire les obstacles de chair
humaine qui pouvaient faire échec à leur puissance
Si bien que l'histoire de ce pouvoir nous montre l'e-
tonnant spectacle d'une loi qui, composée de toutes
les forces de la conscience humaine, a eu tour à tour
des juges, des bourreaux, des victimes, et point de
législateur.

Cette observation est d'une importance capitale,
car plus on l'approfondira et plus on verra la question du droit de punir se dégager, se préciser, se
développer enfin dans toute son étendue. On verra
comment, à peine sorti de la source universelle
des institutions humaines, de la tradition, le droit
de punir a pris un processus tout à fait différent
de celui des autres phénomènes sauf un, qui est
la religion.

Tous les autres établissements des hommes, en
effet, ont été construits pierre à pierre, par une suite
d'actes successifs de certains individus en vertu de
leur intelligence et de leur volonté propres, et ratifiés
à mesure par l'acquiescement exprès ou tacite de la
communauté. Cet acquiescement, cet accord, quelque
contestable qu'il puisse être dans telle ou telle partie
des lois sociales, n'en est pas moins toujours affirmé
et invoqué à l'appui de tous les actes d'autorité et
de juridiction que la société exerce sur elle-même :

comment pourrait-il en être autrement; et d'où pourraient procéder ces pouvoirs s'ils n'étaient pas un véritable jugement, motivé sur le consentement et rendu exécutoire par la volonté de tous ?

Mais tandis que les autres institutions, subissant le sort commun aux choses humaines, suivaient le cours des révolutions, des catastrophes ou des progrès de la vie générale, deux restaient immuables, la religion et le droit de punir : la religion, parce que ses pouvoirs lui viennent du ciel ; le droit de punir, parce qu'il puise directement son autorité dans la conscience.

Nous n'avons pas à nous occuper ici de la religion : nous devons seulement faire remarquer comment, malgré la différence de ses moyens de répression, placés pour la plupart hors des limites du monde visible, elle partage avec le droit de punir le privilège d'être immuable, infaillible et irresponsable. Sans doute les dogmes ne diffèrent pas moins au fond que les moyens diffèrent dans la forme, mais on peut dire également de la religion et du droit de punir qu'en s'adossant, s'il nous est permis d'ainsi parler, à Dieu et à la conscience, en barrant à l'homme toute issue sur l'infini extérieur et sur l'infini intérieur, ces deux pouvoirs ont pris les deux positions les plus formidables qui aient jamais menacé la liberté humaine. Car la distinction du bien et du mal, qui n'est d'ailleurs qu'un aspect de celle du vrai ou du faux, du juste ou de l'injuste, est en définitive la formule suprême de la vie des peuples, et cette formule, la religion et le droit de punir la promulguent de leur science certaine, et la sanctionnent, l'une pendant la vie, l'autre après la mort. Et alors, comme au-dessus de la religion il n'y a que Dieu, comme au-dessus de la conscience il n'y a pas de pouvoir humain, la religion et le châtiment seront sans appel ; comme ils reposent sur le juste et sur le vrai, il devient absolument certain, dès leur origine, qu'à aucun moment du cours des âges ils ne pourront jamais changer. Par la même raison leur autorité devra être sans bornes, leur action, irrésistible. Ils ne pourront avoir de sanction, puisque c'est eux qui sont la sanction.

Ceci nous ramène au point de départ que nous avons marqué au commencement de ce travail ; revenant à l'acte primordial de répression que nous avons pris pour type, nous allons y découvrir, par une simple analyse, tous les éléments de la théorie de l'incrimination.

Examinons-le donc, et plaçant le fait directement sous les yeux de l'observateur, retirons-nous à distance, laissons parler les personnages.

Le père, pour la première fois de sa vie, vient de porter la main sur son fils. Celui-ci, courbé sous le châtiment qu'il vient de subir, sent monter de son cœur à son âme un trouble inconnu : il n'avait jamais prévu que son père pût lui faire du mal ; sa conscience, en même temps, lui crie qu'il a manqué de respect à son père. Mais avant qu'il ait eu le temps de maîtriser ce premier trouble et de reconnaître le rapport de justice qui lie le châtiment à la faute, l'instinct de la liberté le pousse ; il relève la tête et il parle :

— Mon père, pourquoi m'avez-vous frappé ?

Le père, de son côté, est vis-à-vis de son fils dans une situation analogue : il n'avait pas prévu que son fils pût jamais lui manquer de respect, et cette action est pour lui un fait inconnu à sa conscience. Mais le sentiment paternel l'éclaire du même coup sur son droit et sur le devoir de son fils, et il lui répond :

— Je t'ai frappé parce que tu as malfait en me manquant de respect, et parce que je suis ton père.

Toute l'histoire et toute la théorie du droit de punir sont dans cette demande et dans cette réponse, car toutes les données du problème s'y trouvent formulées.

En effet, analysons cet acte, et nous allons voir par quelle série de mouvements il a été engendré.

Il faut remarquer deux choses : la première, c'est que le père n'a pas commencé par délibérer d'abord pour frapper ensuite, mais qu'il a commencé par frapper : la seconde, c'est que pour le père comme pour le fils la situation est sans précédent : ce n'est donc ni l'expérience ni le raisonnement qui a inspiré au père sa détermination, c'est l'instinct.

Il y a eu là un acte de conscience spontané, accompli par la volonté, sans doute, mais exécuté sans l'intervention de l'intelligence, et tout à fait comparable à ce que la physiologie appelle un mouvement réflexe. Dans le mouvement réflexe, en effet, quoique les choses se passent comme s'il y avait impression transmise au cerveau et excitation motrice lancée par la volonté, le circuit est abrégé. Par une foule de raisons, et notamment parce qu'il est indispensable à la conservation de l'animal, le mouvement réflexe part de lui-même comme un ressort, à l'instant où son point provocateur est touché, à la différence du mouvement volontaire, qui n'est fait qu'après un jugement délibéré par l'intelligence et exécuté par la volonté.

Nous pouvons donc distinguer trois degrés dans le mode d'action des mouvements de l'homme : le mouvement volontaire, qui est libre ; le mouvement organique, qui est fatal ; le mouvement réflexe, qui est véritablement un mode intermédiaire entre la fatalité et la volonté, car l'homme, s'il ne peut pas vouloir ce mouvement, peut du moins le réprimer dans une certaine mesure.

Or, comme les actes de l'homme ne sont en définitive autre chose que des mouvements, il n'y a aucune raison pour ne pas y appliquer les principes qui président aux mouvements physiques. En effet, si nous parcourons par la pensée la série des actes de l'homme depuis ceux qu'il accomplit sous la nécessité du besoin jusqu'à ceux auxquels il se détermine uniquement parce qu'il le veut, nous trouverons entre ces deux termes un certain nombre d'actes de nature intermédiaire, tels, par exemple, que celui de lever le bras pour parer un coup : nous reconnaîtrons donc, dans l'ordre intellectuel et moral, la distinction des trois mouvements organique, réflexe et volontaire.

Nous n'insistons pas davantage sur ce point, et nous croyons avoir suffisamment mis en lumière le caractère instinctif du châtiment. Nous attribuons à ce caractère une importance correspondant à celle que nous avons attribuée à son immutabilité. Car si on ne parvenait pas à faire voir que le droit de punir s'appuie d'une manière permanente sur une des grandes forces de la nature, sur une de ces forces auxquelles l'homme ne peut pas et ne doit pas pouvoir résister, il serait impossible de comprendre comment, parti de l'idée du bien et tendant à l'idéal de la justice, il a pu se porter, de conséquences en conséquences, jusqu'aux plus effroyables excès où la démence et la férocité des hommes soient jamais par venues.

Est-ce à dire que si le point de départ avait été mieux choisi les choses se seraient passées autrement ? Non. Il ne dépendait pas de l'homme de choisir le point de départ : à nos yeux la question n'existe donc pas, parce que nous sommes de ceux qui pensent, au moins pour les grands faits de la vie de l'humanité, que ce qui a été devait être et ne pouvait pas ne pas être. Car si l'homme possède en propre son corps et son âme, qui d'ailleurs ont leurs lois particulières, il subit les lois générales qui régissent sans distinction tous les êtres de l'univers, et ces lois ne sont pas contingentes mais nécessaires. C'est pourquoi il importe tant, dans les sciences psychologiques, de ne jamais séparer l'homme de la nature, et de ne pas se laisser aller au mouvement irréfléchi qui nous porte à juger ses actions avant d'en avoir recherché les véritables causes.

L'étude du libre arbitre et, par suite, l'appréciation de la responsabilité de l'homme, sont le fondement de toute théorie du droit de punir : la distinction entre les trois espèces de mouvements, sur laquelle nous avons cru devoir insister tout d'abord, peut seule nous mettre en possession de cette échelle morale qui nous est nécessaire pour rapporter à une mesure commune les degrés si divers de l'imputabilité des actes punissables.

Ainsi le droit de punir procède d'un instinct, et comme le propre de tout instinct est de ne pouvoir pas plus être modifié que supprimé, comme il est un des éléments constitutifs de l'homme, inséparable de l'homme et se tenant en lui invariable et invincible en tout temps et en tout lieu, on voit que ce n'est pas le hasard des événements ou la fantaisie d'un individu, mais l'action d'une des grandes forces de la nature, qui a présidé à l'origine et aux développements du droit de punir.

Nous voilà bien loin du fameux « contrat social ». On n'en est plus à avoir besoin de discuter cette théorie, mais il n'est pas inutile de faire remarquer combien elle est particulièrement incompatible avec la nature du droit de punir. Car le pouvoir de répression exercé par les chefs des peuples ou les délégués de ses chefs repose toujours sur l'affirmation d'une autorité indiscutable reconnue à la personne du juge, à ses doctrines morales, à son jugement, à l'ordre qu'il rend pour l'exécution de la peine, toutes choses qui sont le contrepied exact d'une convention débattue et acceptée, article par article, par ceux qui y sont parties. On a pu s'y tromper quant aux autres points de l'organisation sociale, d'autant que la formule était très favorable pour réserver les

droits de l'individu à l'égard de la société, mais pour
le droit de punir elle n'offre même pas cette utilité
pratique.

Par « instinct » nous entendons l'inspiration naturelle qui pousse l'animal à certains actes et lui
fournit en même temps les moyens nécessaires pour
les accomplir. Le propre de cette force est d'être
indépendante de l'intelligence et même de la volonté,
jusqu'à les primer dans certains cas. Lorsque deux
ou plusieurs instincts sont en présence soit dans un
individu isolé soit dans une réunion d'individus, les
instincts ne se contrebalancent pas, mais il arrive
nécessairement qu'un seul l'emporte.

Une ruche d'abeilles est attaquée pour la première fois depuis qu'elle est établie : l'instinct du
travail est immédiatement primé par l'instinct de
la guerre, et ces insectes, qui jusque-là avaient absolument ignoré qu'une abeille pût avoir jamais à
se battre contre une autre abeille, abandonnent leur
travail, s'élancent en masse contre l'ennemi commun,
et combattent comme si elles n'avaient fait que cela
toute leur vie.

L'instinct du châtiment, source naturelle du droit
de punir, devra fonctionner dans les mêmes conditions, et si, en parcourant son histoire, nous arrivons
à y reconnaître et à en dégager le caractère dominant sur lequel nous insistons, nous aurons établi la

vérité la plus importante selon nous, pour l'étude du droit criminel : et voici pourquoi.

Toutes les théories de droit pénal peuvent se réduire à deux : l'une, dogmatique et absolue, part de la conception abstraite du bien pour arriver à la répression du mal ; l'autre, empirique et relative, ne tient compte que de l'utilité et considère comme mal ce qui est nuisible. La première laisse un arbitraire illimité au législateur pour l'incrimination, pour la peine, et même pour la recherche du fait punissable : c'est le système de l'Inquisition. La seconde, plus humaine en apparence, est entachée d'un vice radical en ce que, ne se préoccupant que de l'utilité, elle néglige la moralité et la conscience, qui sont précisément le critérium du droit de punir. Le mélange, à doses plus ou moins variées, de ces deux théories, n'a produit que des systèmes incomplets ou inconséquents, et il ne pouvait en être autrement, puisqu'au lieu de s'établir sur l'observation de la nature, ils n'ont pour principe que deux conclusions également dénuées de prémisses et une distinction impraticable. Au fond, d'ailleurs, la distinction entre les deux doctrines est plus apparente que réelle : tout ce qui est mal est nuisible et tout ce qui est nuisible est mal, de sorte qu'en réalité les deux théories ne sont que deux chemins conduisant au même point.

Que si, au contraire, examinant la question au point de vue de l'instinct, nous reconnaissons que ce point de vue est le seul vrai, nous pourrons trouver dans l'histoire du passé des lumières pour étudier scientifiquement le présent et pour préparer peut-être l'avenir.

Nous avons donné plus haut une définition, appuyée par un exemple, de ce que nous entendons, de ce que tout le monde entend, par l'instinct des animaux. L'homme aussi a ses instincts spécifiques, par lesquels la nature garde ses communications avec lui de manière à ce qu'il puisse toujours ressentir et marquer dans ses mouvements, comme le baromètre, la pression atmosphérique de cette vie universelle où il est plongé. L'instinct du châtiment est un des plus impérieux de tous ceux qui le gouvernent, et lorsqu'on en analyse l'essence on en voit du même coup la nécessité. Remarquons d'ailleurs que les animaux eux-mêmes ont cet instinct : dans l'éducation de leurs petits, dans leurs actes de vengeance, les animaux sauvages la pratiquent constamment, et les animaux domestiques, le chien et le cheval, par exemple, conçoivent très bien l'idée du châtiment, puisque parfois ils se sauvent ou se cachent pour se dérober à la correction qu'ils ont encourue.

Placé au milieu de la création, l'homme voit clairement qu'un ordre général lie chacun des êtres au grand tout ; lorsqu'il reporte les yeux sur lui-même et sur ses semblables, il y reconnaît l'image concentrée de l'univers, le microcosme enfin, comme disaient excellemment les anciens. Mais au milieu de cette sérénité, de cette harmonie, un trouble se produit. Si c'est la foudre qui gronde, un torrent qui déborde, l'homme fuit, se cache, il supplie l'être inconnu dont la puissance vient d'éclater sur sa tête : si le trouble vient d'une attaque dirigée par un autre homme contre lui, il se défend. Dans le premier cas, des phénomènes effrayants qu'il ne peut expliquer et sur lesquels il ne peut rien, lui font supposer l'existence d'un être caché, placé en dehors du monde visible, et ne s'y manifestant que pour y jeter l'épouvante : voilà l'instinct religieux. Dans le second cas, un mal ou un effroi lui a été fait par un homme comme lui ; il ne voit pas davantage la cause de cet événement, mais il voit l'homme et c'est à l'homme qu'il résiste : voilà l'instinct de justice.

Le fruit de cette expérience est de lui apprendre que l'ordre au milieu duquel il a vécu jusque-là n'est pas immuable, et que tantôt Dieu, tantôt l'homme, peuvent le troubler. Pour ce qui est de Dieu, il sent qu'il n'y peut rien que par la prière : mais pour ce qui est de l'homme, l'expérience vient de lui montrer que le trouble peut être réprimé par une résistance appropriée. Dès lors, à cet instinct de justice, à ce sentiment d'un rapport entre le trouble et l'auteur du trouble, succède un raisonnement qui fait voir le rétablissement de l'ordre comme une conséquence, comme un résultat, de la résistance. C'est ainsi que l'homme primitif a pu apprendre que le mal existe, qu'il est imputable à son auteur, et qu'il peut être combattu par la résistance.

Eh bien, si on considère l'état intellectuel où devait se trouver l'homme aux premiers jours de son apparition sur la terre, on peut affirmer que, si l'instinct ne l'avait pas poussé irrésistiblement à résoudre d'abord la question par le fait, jamais il n'aurait eu aucun moyen de découvrir le mal, la responsabilité et la répression.

Cependant cette première expérience, toute féconde qu'elle ait pu être en résultats, n'était pas complète, car il en pouvait sortir aussi bien la théorie de la vengeance individuelle que la théorie du droit de punir. Pour donner autorité à cette dernière théorie, il fallait que le châtiment fût infligé, non à titre de légitime défense, mais à titre de réparation du mal commis par l'agent : il fallait que le justicier fût le père ou le chef investi d'une autorité naturelle ou civile. C'est pourquoi, au commencement de ce travail, nous avons présenté le châtiment paternel comme la source « philosophique »

du droit de punir, puisqu'on y trouve : une infraction à la loi naturelle ; un jugement constatant cette
infraction ; une peine prononcée et appliquée ; et ce
qui constitue essentiellement le « droit » de punir,
l'interdiction, pour le condamné, de contester ni
l'incrimination, ni l'autorité du juge, ni la peine.

CHAPITRE II

HISTORIQUE DU DROIT CRIMINEL

Maintenant que nous avons déterminé le caractère vrai du phénomène social que nous étudions, voyons comment il s'est accompli, par quelles évolutions il est arrivé à l'état où nous le voyons aujourd'hui.

Ici, comme pour toutes les origines primitives, les premiers temps n'ont pas d'histoire. Sur ce qui s'y est passé les imaginations se sont donné carrière, de sorte qu'on peut appeler cette époque « l'âge de l'hypothèse ». Nous pouvons seulement tenir pour certain qu'à partir du jour où l'homme vit pour la première fois le mal réparé par le châtiment, il eut la pleine conception du droit de punir, et que de quelque façon qu'il en ait organisé l'exercice, il en a commencé l'usage.

Sur ce qu'on appelle les temps préhistoriques nous ne possédons guère que des notions d'anthropologie, et sur le sujet présent nous ne savons rien.

Il faut arriver à l'époque biblique pour trouver le premier code criminel qui ait paru dans notre monde historique, dans ce monde qui comprenait les bords de la Méditerranée et peu de terre au delà. Vinrent ensuite : les législateurs grecs ; la loi des Douze Tables ; le droit prétorien ; le droit Justinien ; les lois barbares ; la restauration du droit romain ; la Caroline ; l'Inquisition ; puis la réforme, qui remit en liberté le génie national de chaque peuple ; enfin Voltaire et à sa suite Beccaria, qui donnèrent le signal du renversement de la vieille justice. A cette époque, et au moment même où éclatait la révolution, parut Bentham, et c'est en partie sous son influence que fut écrit le code pénal de 1810, qui a marqué le point de départ d'une ère nouvelle et qui est demeuré longtemps le modèle de la plupart des lois de ce genre.

La Bible, aux chapitres xx, xxi et xxii de l'Exode, renferme un code pénal complet qui trace à l'Israélite ses devoirs envers Dieu et envers les hommes et qui édicte des peines en cas d'infraction. Le Décalogue défend l'idolâtrie, le blasphème, le travail pendant le jour du sabbat ; il commande le respect pour le père et la mère, et finit en interdisant le meurtre, le vol, et la convoitise du bien d'autrui.

Le chapitre XXI punit de mort l'assassinat, le parricide, l'enlèvement et la vente d'un homme libre, la malédiction contre son propre père ou sa propre mère. En cas de meurtre sans guet-apens, si « Dieu a fait tomber la victime entre les mains du meurtrier par une rencontre imprévue », ce même Dieu « marquera un lieu » où le meurtrier pourra se réfugier. Les coups et blessures ayant occasionné une incapacité de travail ne donnent lieu qu'à des dommages-intérêts. Les coups mortels portés par le maître à son esclave ne sont punissables que si l'esclave meurt dans les deux jours ; si les violences du maître ont causé à l'esclave la perte d'un œil ou d'une dent, l'esclave est affranchi.

Dans le chapitre XXII nous voyons encore la sorcellerie et l'idolâtrie punies de mort. Les vols de bestiaux et l'abus de confiance sont punis de restitutions au double ou au quintuple. Il est permis de tuer le voleur qui, de nuit, tente de forcer ou de briser une porte : mais si le fait a eu lieu pendant le jour, le meurtre est punissable de mort. Celui qui déshonore une vierge non fiancée doit lui donner une dot et l'épouser, à moins que le père ne s'oppose au mariage, auquel cas le séducteur en est quitte pour doter la fille.

Le chapitre XXI résume d'ailleurs d'une manière

énergique le principe dominant de cette législation : « Œil pour œil, dent pour dent, main pour
main, pied pour pied, brûlure pour brûlure, plaie
pour plaie, meurtrissure pour meurtrissure, vie
pour vie ».

On le voit, la loi mosaïque ne procède pas de
l'homme mais de Dieu : elle est une des parties de
la religion, obligatoire et indiscutable au même titre
que la religion. Si l'on admet, ce qui ne paraît pas
contestable, la haute antiquité du peuple juif et de
ses livres sacrés, la loi mosaïque paraît être un des
documents les plus anciens que nous possédions sur
le droit de punir. Il a l'immense avantage d'être
une loi écrite et complète, et il est revêtu d'un
double caractère, légal et religieux, qui en garantit
l'authenticité. C'est donc un instrument de travail
d'un prix incomparable, et il faut franchir plusieurs
siècles, jusqu'à Justinien, pour retrouver un corps
de doctrine légale aussi complet et aussi précis.

Il se résume en trois principes : talion pour les
délits contre les personnes; compensation en argent pour les délits contre les propriétés; suppression, par mort ou par bannissement, de l'ennemi
public. Il y faut noter en outre le principe du droit
d'asile.

Lorsque nous analyserons les lois des Barbares,
nous retrouverons les mêmes caractères; or ce que

nous savons et que nous voyons du droit de punir
chez les peuples orientaux qui du Levant se sont
avancés le long des bords de la Méditerranée, ressemble aussi d'une manière frappante à la loi criminelle des Juifs : il y a donc là un signe considérable
de communauté d'origine entre ces trois grands
groupes humains. Il serait intéressant d'éclairer ce
fait par des recherches sur le droit pénal de l'Inde
antique.

On ne sait des lois criminelles des Grecs que ce
qui en a été rapporté par les auteurs classiques,
Homère, Hésiode, Démosthène, Platon, Plutarque :
c'est ainsi que nous connaissons quelques-unes des
dispositions des lois de Lycurgue, de Solon, de
Dracon. Mais si l'on considère que les lois criminelles de tous les peuples et de tous les temps ont
toujours été la répétition, l'imitation, des lois antérieures, on ne peut raisonnablement admettre pour
le droit criminel des Romains une autre origine que
les lois grecques, et il suffit d'en comparer les peines
pour en reconnaître la filiation.

Chez les deux peuples la nature des châtiments
ne diffère pas plus que la théorie de l'incrimination
ou que le système de répression. C'est au nom des
dieux, au nom de la conscience collective, que la
morale sociale s'affirme et s'exerce. L'existence de
l'esclavage donne d'ailleurs à la répression, comme

dans le droit mosaïque, un caractère d'atrocité qui, restreint d'abord aux peines, s'étendra bientôt par contagion et finira par atteindre les hommes libres.

Les lois de Dracon, modifiées par•Solon, prononçaient des peines surtout corporelles. L'exil et l'ostracisme étaient réservés aux crimes politiques. C'était, pour les citoyens : l'ignominie, entraînant dégradation civique ; la prison, soit prononcée à perpétuité, soit prolongée à perpétuité pour le condamné qui ne pouvait payer l'amende ; la mort par le poison, par le glaive, par la corde, par la lapidation, par la submersion, par le supplice du pieu ou celui de la croix, et même par un supplice consistant à être jeté dans un gouffre infect hérissé de pointes aiguës. L'esclavage de la peine, pour les étrangers et les affranchis délinquants ; la marque, pour les esclaves fugitifs et les esclaves déserteurs ; le poteau, pour les criminels à exposer en public ; la détention avec le collier, ou le carcan, ou les entraves aux jambes ; la roue, pour les malfaiteurs de la dernière classe qui devaient être torturés. (Duboys, *Droit criminel des peuples anciens.*)

Les Grecs furent les premiers à employer la torture préparatoire pour arracher des aveux aux accusés : les Romains la leur empruntèrent pour l'appliquer d'abord aux esclaves et plus tard aux hommes libres. Au milieu de l'obscurité qui nous cache l'ori-

gine de la torture, nous pouvons cependant tenir
pour certain qu'elle a dû être importée directement
de l'Orient en Grèce, car d'un côté rien n'indique
que les Égyptiens l'aient pratiquée, et d'un autre
côté aucun des peuples autochtones de l'Occident ne
paraît l'avoir connue avant la conquête romaine.
Loin de l'avoir apportée en Europe, les Barbares,
ainsi que nous le ferons voir plus loin, arrivèrent
avec une théorie du droit de punir beaucoup plus
simple et beaucoup plus avancée que celle des Romains. Il paraît dès lors presque certain que les
Grecs ont dû être initiés à la pratique de la torture
par les Perses ou les Indiens, dans le cours des inva-
sions de Xerxès ou des expéditions d'Alexandre, sans
parler de ce que leur en avaient pu apprendre les
marchands phéniciens ou arabes avec lesquels le
commerce les mettait en relations.

Il n'est pas sans intérêt de faire ici une observation dont on pourrait tirer parti peut-être pour la
question plus générale de la distribution des races
primitives : c'est que les peuples d'Amérique, qui
paraissent être venus de l'Asie et avoir passé sur le
nouveau continent par le détroit de Behring et les
îles Aléoutiennes, y ont apporté la torture. Il y aurait donc, entre eux et les Orientaux qui ont ensei-
gné cette pratique aux Grecs, un indice de communauté d'origine, par opposition avec les Barbares et

les peuples primitifs de l'Europe, qui ne la connaissaient pas.

D'un autre côté nous avons fait remarquer qu'il existe une conformité frappante dans les principes du droit criminel des Barbares, des Juifs, des peuples orientaux des bords de la Méditerranée : ces peuples, et probablement avec eux les autochtones de l'Europe, formeraient donc, au point de vue de l'ethnologie du droit criminel, un groupe opposé à celui qui, d'un point inconnu de l'extrême Orient, a propagé la torture, d'une part en Europe à travers la Perse et l'Asie-Mineure ou l'Arabie, d'autre part jusqu'en Amérique, à travers le nord de l'Europe et l'Atlantique.

Ces observations, que nous donnons avec la plus extrême réserve, ont en tout cas l'avantage d'indiquer une voie d'investigation qui, bien suivie, doit conduire à d'utiles résultats : la détermination de certains groupes est aussi utile dans un ordre d'études que dans un autre, et la classification des races humaines au point de vue du droit criminel doit être un jour faite comme elle l'a été au point de vue de la linguistique ou des religions.

Les sources du droit romain sont : la loi des Douze Tables ; les écrits des anciens jurisconsultes ; les édits prétoriens ; les constitutions impériales ; enfin le droit Justinien, contenu dans le Digeste, le Code

et les Novelles. Nous possédons les textes complets
de ces lois, sur lesquelles la découverte des Institutes
de Gaïus est venue jeter de nouvelles lumières.

Les Romains avaient trois sortes de peines : pécuniaires, corporelles, infamantes. L'amende se préle-
vait d'abord sur les bestiaux ; plus tard on taxa dix
deniers par mouton et cent deniers par bœuf. Il y
avait la prison publique pour les condamnés qui
avaient avoué leur crime ; particulière, pour ceux
qui n'avaient pas avoué, et qui dans ce cas étaient
seulement gardés à vue dans la maison d'un citoyen.
Le talion s'appliquait dans certains cas de délit
contre les personnes, à moins que la partie lésée
n'eût accepté une compensation. La fustigation pré-
cédait les peines de mort et de la déportation ; la
bastonnade était réservée pour les soldats. On ar-
rachait la langue aux condamnés, on leur faisait
avaler du plomb fondu, on les marquait au front. Il y
avait encore, comme peines corporelles, la condamnation aux mines, pour dix ans ou à perpétuité ; la
déportation, peine perpétuelle et infamante, entraînant la confiscation des biens et la fustigation ; la relégation dans une île, ou l'éloignement d'un lieu déterminé ; la dégradation militaire, qui comportait
exclusion des fonctions civiles, et notamment de
celles de juge. L'exil était une peine politique qui
laissait au condamné sa qualité de citoyen. La peine

de mort avait lieu de diverses manières. Les coupables étaient décapités par la hache ; jetés dans le Tibre ; cousus dans un sac et noyés ; étranglés dans la prison appelée Robur ; précipités de la roche Tarpéienne ; pendus ; brûlés. Mais ces peines n'eurent plus d'application qu'aux esclaves et aux étrangers, depuis que la loi Porcia eut défendu de battre de verges ou de mettre à mort un citoyen romain (Morin, *Rép. de dr. crim.*, v. PEINES, § 2).

Il y a une observation importante à faire sur la législation criminelle des Romains, car elle la marque d'un caractère unique. C'est que l'emprisonnement n'y était pas considéré par lui-même comme une peine : c'était plutôt une mesure de précaution pour s'assurer de la personne des accusés : « Carcer enim ad continendos homines, non ad puniendos, haberi debet », dit Ulpien. La raison qu'on en donne, c'est que la prison est chose trop fâcheuse pour des innocents et peine trop douce pour des coupables : « Quod innocentibus miserum, noxiis non satis severum cognoscitur ».

Ce point n'est pas moins notable sous un autre rapport, c'est qu'on y doit voir peut-être la cause principale de l'abus qu'on a fait si longtemps de la détention préventive. Du moment qu'on s'était habitué à considérer l'emprisonnement comme trop dur pour l'innocent et trop doux pour le coupable, on l'appliquait en toute sécurité, puisqu'il était entendu que ce n'était pas une peine, mais une simple formalité de procédure, à des prévenus qui ne sont ni innocents, ni coupables.

Lorsqu'on aura étudié à fond l'histoire philosophique du droit criminel, on rencontrera plus d'un exemple analogue à celui-ci, et qui fera voir à quels écarts le cours des idées peut mener les hommes, quand une erreur leur a servi de point de départ.

César, Tacite, Pomponius Mela, Dion Cassius, Ammien Marcellin, Cassiodore, Jornandès, Diaconus, Grégoire de Tours, nous ont laissé sur les coutumes des peuples germaniques des renseignements nombreux. Mais ces coutumes ne furent rédigées par écrit qu'après l'établissement définitif de ces peuples sur les territoires de l'empire romain d'occident. Cette rédaction, inspirée par la nécessité de mettre ces coutumes plus en harmonie avec les institutions politiques et religieuses du temps, ne peut être considérée comme donnant une idée exacte des lois germaniques, puisque le christianisme et des établissements fixes avaient, pour les envahisseurs du monde romain, remplacé la vie nomade et la mythologie héroïque.

C'est dans les anciens documents scandinaves qu'on pourrait étudier sous leur forme originale ces vieilles lois germaniques. Le *Gragas* d'Islande, le *Gula-*

Things Laug, du roi Magnus de Norwège, le *Guta-Lag*, de l'île de Götland ; le *Corpus Juris Suevego-thorum* ; le *Codex legum Suecicarum* de Frédéric, sans compter un grand nombre d'ouvrages histo-riques, au premier rang desquels il faut placer celui de H. Wheaton, traduit en français par M. Paul Guillot, offrent un champ d'exploitation encore vierge à la philosophie historique du droit criminel, et il est hors de doute qu'en rapprochant ces précieux documents des renseignements que nous ont laissés les historiens et les géographes grecs et latins, on en ferait sortir des trésors. (V. Nypels, *Bibl. choisie de dr. crim.*)

Quoi qu'il en soit nous savons que « le droit de vengeance reconnu à l'individu ou à la famille de l'individu offensé, et limité seulement par la coutume, paraît avoir été l'un des principes essentiels de l'an-cien droit pénal des Germains ». Les lois de tous ces peuples à l'exception des Wisigoths étaient, chose digne de remarque, presque exclusivement pénales : on le conçoit, puisque leurs coutumes n'avaient eu originairement d'autres objets que les rapports per-sonnels auxquels se réduit la vie nomade.

« Les peines capitales au moyen desquelles la société vengeait les crimes les plus graves n'étaient pas inconnues aux peuples germains. Dans le prin-cipe, le coupable convaincu d'avoir commis un acte réputé infâme, était déclaré, par le *thing* ou assemblée publique, proscrit et hors la loi, *fredlös*, privé de paix ; *vargus*, loup ; *faïdosus*, *feigi*, *fegh*, *ullœgr*, repoussé de la société et exclu de sa protection. Chacun pouvait alors le tuer partout où il le trouvait, et dans ce cas la peine n'était que l'exécution de la vindicte publique par le premier venu. Toutefois, dans certains cas, lorsque le coupable était pris sur le fait, les mœurs permirent assez longtemps à l'individu offensé de prévenir le jugement en tuant lui-même le coupable sur la place où le crime avait été commis, sauf à se justifier ensuite devant le *thing*. Quant à d'autres infractions moins graves, les mœurs permettaient de les expier par des compositions pécuniaires. L'offre de la composition indiquait de la part du délinquant l'aveu de sa culpabilité ; l'acceptation de l'amende témoignait que la partie offensée se reconnaissait satisfaite et renonçait à son droit de vengeance. Mais à mesure que le tarif de l'amende augmenta, la plupart des délinquants se virent dans l'impossibilité d'y satisfaire, et l'on en vint à la remplacer en grande partie par des peines corporelles afflictives telles que la mutilation, etc., et aussi la peine de mort. Les *leges Barbarorum* des Germains méridionaux nous montrent aussi un droit pénal dans lequel les amendes constituent le principal moyen de punir. Les plus anciennes lois des peuples scan-

dinaves conservent l'exil pour les peines les plus
graves, mais reconnaissent, à côté de cette peine,
le principe de la composition. » (D'Olivecrona, *De la
peine de mort*, Introduction, p. 13 et 14.)

La peine de mort, prodiguée dans les lois barbares,
s'exécutait par les supplices les plus atroces ; au témoignage de Tacite, les Germains faisaient périr les
coupables en les écorchant vifs, en les coupant par
quartiers, en les faisant bouillir dans l'eau.

En retrouvant ici des cruautés pareilles à celles
des Grecs et des Romains, nous ne voyons rien qui
soit exclusivement propre aux lois barbares : les supplices semblent avoir eu de tout temps quelque chose
d'absolu, comme la douleur, comme la férocité humaine : mais ce qui peut être pris comme tout à fait
caractéristique des lois des Germains, c'est, d'une
part le principe de la composition en argent, et d'autre
part, l'absence de la peine d'emprisonnement. Quant
à ce dernier point, sans doute la nature des choses
ne permettait pas qu'il y eût des lieux fixes de détention chez des peuples nomades vivant sous la
tente ; néanmoins, rapproché du principe de la composition, ce fait montre combien l'idée de la peine
différait, aux yeux des peuples germaniques, de ce
qu'elle était pour les peuples païens, et surtout de
ce qu'elle devint par la suite pour les peuples chrétiens. Pour le Germain, l'objectif de l'infraction est

avant tout la personne ou la communauté lésée par
le délit ; d'individu à individu, il y a une affaire privée : chacun a le choix, ou de s'arranger avec le coupable, ou de se venger de ses propres mains, sauf,
au cas de meurtre, à justifier de son bon droit. Que
si au contraire l'infraction lèse gravement les intérêts de tous, tous s'ameutent contre l'ennemi commun, il est chassé, traqué comme une bête fauve,
et détruit comme on détruit un animal nuisible. Mais
d'un droit de punir émané de la conscience collective,
formant une loi morale obligatoire ; d'un devoir de
punir, enfin, constituant pour la société une espèce
de sacerdoce placé au-dessus des convenances ou de
l'appréciation de la partie lésée, nous ne trouvons
nulle trace. Caractère tellement essentiel et tellement ineffaçable du génie saxon, que nous le verrons
se maintenir invariable jusqu'à nos jours, où il domine toute la législation allemande, scandinave et
anglaise, où il dicte à Bentham sa théorie de l'utilité,
tandis que nous verrons les peuples latino-chrétiens
développer de plus en plus dans leurs institutions
judiciaires le principe d'une morale exercée, on peut
le dire, comme une véritable fonction, et dont l'institution du ministère public est l'expression si énergique.

Notons, avant de quitter ce point, que malgré
toutes les différences qui séparaient leur droit crimi-

nel de celui des Romains, les Barbares s'étaient
pourtant rencontrés avec les Romains pour ne pas
considérer la prison comme une peine : quelle qu'en
ait été la raison, c'est un fait ; et dans une histoire
qui nous semble avoir été étudiée jusqu'ici à un
point de vue un peu restreint peut-être, tous les
faits sont importants, d'autant que nous ne savons si
nous n'aurons pas plus tard quelque conséquence à
en tirer.

Nous devons ici, pour ne rien omettre, rappeler
cette singulière coutume du combat judiciaire, qui
surgit tout à coup au moyen âge sous l'inspiration
de la chevalerie et de la religion, et qui s'est per-
pétuée jusqu'à nos jours sous une forme dérivée, le
duel. Il y aurait là un sujet à part à étudier, mais
ce fait n'a pas eu assez d'influence sur le droit de
punir pour que nous nous en occupions davantage ;
il nous suffira de l'avoir ici rappelé. On remarquera
d'ailleurs que c'était un moyen de preuve, ne touchant que de loin à la théorie de l'incrimination et
des peines. On en peut dire autant des autres genres
d'épreuves judiciaires, l'épreuve par l'eau ou par le
feu, la cruentation, la torture elle-même. Constatons
cependant que le combat judiciaire, ainsi que certaines espèces d'épreuve, est d'un caractère propre à
la justice criminelle du moyen âge.

L'établissement de la féodalité vint donner au

droit de punir une allure véritablement effroyable.
« Suzerains et vassaux, princes souverains et simples seigneurs, tous érigèrent en dogme la nécessité
de l'intimidation par les peines et par les genres de
mort les plus inouïs que la cruauté d'une époque
barbare pût imaginer. C'est ainsi que le principe de
l'intimidation, établi par les coutumes du moyen âge,
sanctionné dans la suite par des législations plus
récentes, prit racine dans les opinions sur le but de
la punition, et trouva son application dans d'hor-
ribles supplices. » (D'Olivecrona, *De la peine de
mort, Introduction,* p. 14.)

Il est impossible de mieux déterminer la source de
la doctrine de l'intimidation, que l'a fait le savant
Suédois dans ce beau livre sur la peine de mort,
inspiré par le plus profond sentiment d'humanité et
éclairé de cette lumière supérieure que le cœur seul
peut donner à l'homme sur certains sujets. D'ailleurs,
protestant et homme de race scandinave, l'auteur
est aussi bien placé que possible pour voir sous leur
vrai jour des origines dont l'exacte détermination
est d'autant plus importante que le droit du moyen
âge est plus près de nous. Car, nous le ferons voir
dans la suite de ce travail, le moyen âge a établi sur
la terre une théorie de l'incrimination et un système
de répression jusque-là inconnus : de sorte qu'on
peut dire avec vérité que, sur la question la plus

redoutable peut-être que le monde moderne ait à
résoudre, nous en sommes encore aux idées du
moyen âge.

Deux causes également puissantes, la féodalité et
le catholicisme, concoururent à donner au droit de
punir, dans le moyen âge, un caractère d'atrocité
dont on ne peut trouver l'équivalent que dans la
justice des Chinois, des Japonais, des Siamois, ces
peuples passés maîtres dans l'art de raffiner les
supplices. Ce sont là, sans aucun doute, les crimes
de beaucoup les plus atroces qui jamais aient été
commis sur la terre ; et ils l'ont été par les honnêtes gens croyant faire le bien ! Leur conscience
n'était pourtant pas moins tranquille que celle de
nos juges d'à présent. Des hommes encore vivants
ont pu voir exécuter en place de Grève un malheureux qui avait blanchi une pièce de six liards.
Ce crime, qui alors était punissable de la peine
de mort, qui depuis 1832 jusqu'en 1863 le fut des
travaux forcés à perpétuité, est depuis cette dernière époque devenu un simple délit, passible d'un
emprisonnement de trois ans au plus. Eh bien !
l'idée au nom de laquelle on croyait devoir verser
le sang du faux monnayeur n'était qu'une idée du
moyen âge, qui lui-même l'avait héritée de l'empire
romain et consacrée par la religion : c'était l'idée
de lèse-majesté, de l'attentat, commis par le cou-

pable, à une des prérogatives, à un des droits régaliens, de la personne royale, le droit de battre monnaie : ôtez cela, la fausse monnaie n'est qu'une contrefaçon, et son usage, une escroquerie tentée ou accomplie.

Cet exemple justifie ce que nous disions tout à l'heure, que nous en sommes aux idées du moyen âge : ce ne serait pas le seul, mais il est instructif en ce qu'il nous fait voir combien les vieilles théories sont vivaces et quelles horreurs elles peuvent perpétuer lorsqu'on oublie de les détruire.

Il se passa au commencement du moyen âge ce qui se passe toujours lorsque la violence est maîtresse : car il ne lui suffit pas d'être, elle veut régner ; à l'action effective de la force, qui a ses limites matérielles, elle veut ajouter la puissance incalculable du droit ; puissance sans limites, puisqu'elle n'a d'autres bornes que l'orgueil insatiable du maître. Et par le plus monstrueux des sophismes, la force à son tour est invoquée pour justifier ce prétendu droit dont elle est l'unique source.

C'est ainsi que les seigneurs féodaux, dès que chacun se fut taillé une principauté à la mesure de ce qu'il en pouvait prendre, se hâtèrent d'établir sur leurs domaines des juridictions civiles et criminelles, le droit d'exercer la justice ayant d'ailleurs toujours été considéré comme attribut et marque de la souveraineté. Plus était précaire et contestable le pouvoir de ces petits tyrans, plus ils se sentirent portés à abuser du droit de punir. Sous l'appareil redoutable des châtiments, ils parvenaient à dissimuler leur faiblesse ; en même temps qu'on voyait la violence créer le droit et le légitimer ensuite, on vit, sous le nom de justice, le crime se servir à soi-même de sanction.

Du commencement du moyen âge jusqu'à l'Ordonnance de 1670, on peut dire sans la moindre exagération que la justice criminelle a sévi sur les peuples comme un fléau. D'après les quelques échappées que nous pouvons entrevoir sur une époque où la statistique n'existait pas et où personne n'aurait osé faire le compte, même quand il l'aurait pu, tout tend à démontrer que la justice a détruit plus d'hommes que la peste, la famine, la guerre, les tremblements de terre. Nous n'avons aucune donnée sur ce qu'il a pu être. coupé de têtes en Chine et au Japon, par exemple, depuis que cette partie de la terre est habitée ; nous n'en savons pas davantage sur les autres parties de l'Asie, ni sur l'Afrique, ni sur l'Amérique, ni sur l'Océanie ; nous ne savons même rien sur le monde romain, sous ce rapport.

Mais si nous n'avons pas de statistique, nous avons des témoignages isolés, consignés dans les archives des tribunaux, dans les ouvrages des vieux jurisconsultes, dans les pages de l'histoire.

En 1521, Christiern II, quittant la Suède, avait fait tomber juridiquement plus de six cents têtes ; c'est lui qui, en un seul jour, dans une exécution que l'histoire a nommée « le Bain de Sang », fit décapiter à la fois quatre-vingt-quatorze personnes : sur ce nombre, plusieurs étaient de simples spectateurs de cette boucherie, et leur crime était d'avoir pleuré.

Le juge Remigius, dans son livre « *Dœmonolatriæ libri tres* », (Francfort, 1597), se vante d'avoir, dans un espace de seize ans, fait brûler plus de huit cents sorciers et sorcières, si bien que vers la fin de sa magistrature seize personnes se suicidèrent pour ne pas tomber entre ses mains.

Une forêt de gibets se dressait partout où l'on pouvait voir passer des hommes ; sur les échafauds et les roues pourrissaient les cadavres déchiquetés par les bourreaux et lentement dévorés par les chiens et les oiseaux de proie. Au milieu de ces scènes d'épouvante, on voyait errer des misérables ayant les yeux crevés, les oreilles ou le nez coupés, le front marqué au fer rouge : c'était ceux qu'on avait traités avec indulgence. Pendant ce temps, à travers les soupiraux des prisons, on entendait les hurlements des patients broyés dans les tortures pour savoir s'ils étaient innocents ou coupables !

En France, en Angleterre, en Italie, en Allemagne, partout, sont portées des lois où l'atrocité des peines le dispute à l'absurdité des incriminations. Plus le temps marche, plus la soif du sang et l'amour de la torture s'exâltent et se raffinent.

Le sang coule par torrents. Franz, bourreau de Nuremberg, exécute à lui seul trois cent soixante et un individus, de 1573 à 1617. Carpzowius, dont l'ouvrage servait de guide à tous les juges de l'Allemagne, pouvait se vanter d'avoir, dans sa longue carrière de juge, prononcé vingt mille condamnations capitales. En Bavière, sur une population de quinze cent mille âmes, on exécutait trois cent soixante-quinze personnes par an. En 1854, à Bamberg, vivait encore un vieux bourreau qui, pendant le siècle dernier, avait coupé la tête à seize cents criminels.

Sous Henri VIII on a exécuté à mort, pour divers crimes, *soixante-douze mille* personnes. (D'Olive-crona, *De la peine de mort.*)

Ce que la justice criminelle gagnait en intensité, elle le gagnait aussi en étendue et en profondeur. De proche en proche, par une véritable contagion, elle se répandait chez tous les peuples de l'Europe civilisée, et dominant jusqu'aux mœurs, étouffant jusqu'aux instincts de race, elle étendait sur les institutions judiciaires de l'Europe sa lugubre uniformité, si bien qu'à la fin du XVIᵉ siècle il ne reste plus trace des différences que nous avons observées dans les origines du droit criminel des Grecs, des Romains et des peuples germaniques.

Elle gagne aussi, disons-nous, en profondeur. Tandis que, par sa théorie des preuves, elle substitue à la réalité historique du fait et du témoignage une vérité artificielle qui se construit elle-même indépendamment des appréciations du juge, elle s'arme, par la torture préparatoire, d'un moyen direct d'action matérielle sur l'âme du patient, qu'elle force ainsi à se faire le complice de ses propres bourreaux. Non contente d'inventer des supplices inouïs, elle imagine des incriminations fabuleuses : l'hérésie, la sorcellerie, le sacrilège, deviennent des crimes capitaux. Le souvenir d'un vieil usage, un précédent, une réflexion d'un vieux jurisconsulte, suffisent pour instituer quelque genre d'accusation jusque-là inconnu.

A mesure que cet accès de fureur monte à son paroxysme, on voit les législateurs et les juges en arriver par degrés à perdre manifestement la raison. On n'a plus assez des coupables : on prend leurs parents et leurs amis. On n'épargne pas les femmes, et toute la différence est que, la décence ne permettant pas de les exposer nues sur la roue, on les enterre vives, et ainsi la terre qui les étouffe sert de voile à leur chasteté.

Ne pouvant s'assouvir sur les vivants, la justice
en vint à s'acharner contre les morts. On déterrait
les cadavres pour les traîner sur la claie ; on les
déchirait en lambeaux ; on les brûlait ; on les faisait manger aux chiens. Enfin, dans un de ses élans
suprêmes de rage, nous voyons la justice se jeter
jusque sur les animaux, décapiter des ânes, brûler
des chiens, et vers la fin, conduire au supplice des
truies, et leur faire faire amende honorable, un
cierge entre les pieds.

Dans des faits comme ceux-là, on s'est habitué à
ne voir que le ridicule : on devrait bien les examiner
au point de vue de l'aliénation mentale, et se demander s'il n'y a pas là quelque chose de plus sérieux
qu'une des curiosités historiques du « bon vieux
temps », comme on l'appelle dans les chansons.

L'exaltation des justiciers, loin de provoquer une
résistance, semblait plutôt se communiquer aux justiciables, les pousser irrésistiblement à commettre
des crimes, et même, chose épouvantable, à s'accu-
ser de crimes imaginaires. Tandis que les malfaiteurs, entraînés par une sorte de frénésie, accumu-
laient forfaits sur forfaits et en étaient venus à se
torturer les uns les autres afin de se rendre insen-
sibles aux tourments, de soi-disant sorciers venaient se dénoncer eux-mêmes, non par remords de
crimes imaginaires, mais par vertige, par fascina-

tion, comme l'oiseau va au serpent. Le suicide est
contagieux : dans l'exercice de mes fonctions j'ai
toujours vu un suicide suivi d'un suicide analogue
dans le voisinage : le crime l'est aussi ; l'accusation mensongère contre autrui, le faux témoignage,
l'aveu d'un crime imaginaire, sont contagieux par
imitation. On peut donc dire que ces victimes étaient
presque volontaires et ces juges presque innocents,
tant leur conscience était affolée d'un même délire.
Et quand on songe qu'on trouvait des bourreaux,
des hommes, pour servir d'instruments à ces atroci-
tés et des prêtres pour les bénir ! D'honnêtes gens,
encore, des gens honnêtes comme on l'est aujour-
d'hui, incapables de commettre une mauvaise action. On trouvait jusqu'à des femmes pour remplir
l'office de *bourrelle.*

L'enfance elle-même ne désarmait pas ces juges
de sang. Voici ce qui s'est passé en Saxe en 1660 :

Weith Pratzer était un pauvre homme qui, dans
ses moments de récréation, s'amusait quelquefois
à faire des tours d'escamotage. On le dénonce
comme sorcier. Il est arrêté, poursuivi, jugé comme
sorcier, et condamné, pour crime de magie, à être
attaché à un poteau et brûlé « par un feu placé à
distance ».

Ce malheureux avait deux enfants en bas âge. La
cour qui avait jugé leur père s'inspira de ce que Bo-

din avait dit dans sa *Dœmonomanie* sur la lignée des sorciers. Voici ce que dit le président de la cour aux juges qui venaient de condamner Weith Pratzer :

« Messieurs, vous venez de prononcer contre le sorcier Weith Pratzer une sentence qui réjouira les anges du ciel : mais comme tous nos efforts doivent tendre à extirper à jamais de ce monde le crime de sorcellerie, je dois vous demander encore, messieurs mes collègues, ce que vous êtes décidés à faire des enfants du condamné. Il y en a deux, et selon toute apparence, ils sont déjà experts dans l'art diabolique ; leur seule qualité d'enfants nés d'un homme convaincu de magie est d'ailleurs un violent indice de leur culpabilité, car, dit le savant Bodin, lorsque le prévenu descend de parents sorciers, ce fait constitue à lui seul une preuve des plus fortes et des plus convaincantes : « Ante omnia verò maximum indi-» cium si ab uno aut utroque parente natus est. » (Lib. IV, cap. 4.)

» Et comme, d'après le même auteur, il est certain et incontestable que des sorciers, convaincus qu'ils ne peuvent rien faire qui soit plus agréable à l'esprit du mal que de lui vouer leurs enfants, les lui dévouent en effet dès l'instant de leur naissance, il doit être établi à tous les yeux que les enfants de Weith Pratzer sont dûment convaincus de sorcellerie.

» Par ces motifs, je conclus qu'il plaise à la cour ordonner que les susdits enfants soient mis en état d'arrestation, et qu'ensuite, comme coupables du crime de magie, ils soient placés dans un bain, où on leur ouvrira les veines jusqu'à ce que mort s'en suive. »

Résolution : « La cour déclare, à l'unanimité, se joindre à l'avis éclairé du requérant. »

Les deux enfants, en exécution de cette sentence, furent saignés à blanc et étouffés dans un bain. (Victor Molinier, prof. à la Faculté de droit de Toulouse, *Aperçus historiques et critiques sur la vie et les travaux de Jean Bodin* et extrait de la *Revue judiciaire du Midi,* 1867.)

Tout ce que nous venons de dire, ce ne sont pas des mots mais des faits. Et nous n'avons décrit ni les supplices, ni les tortures ; nous n'avons pas parlé des formes de la procédure ; nous n'avons nommé ni Louis XI, ni Philippe II d'Espagne, ni Pèdre le Justicier, ni Laubardemont, tous ces tigres à face humaine, qui semblaient boire le sang et les larmes avec délices. Aussi bien, pour être juste, faudrait-il relever les noms de tous ceux qui, pendant près de douze siècles, ont exercé le pouvoir judiciaire ; puis, en regard du nom de chaque juge, la liste des victimes et la description des tourments qu'on leur a fait subir, avec le nom des bourreaux. Alors on aurait devant les yeux le tableau fidèle de la vieille justice.

Mais s'il ne nous est pas donné de réunir dans un seul cadre les éléments d'une pareille enquête, ce que nous savons ne suffit-il pas et au delà pour nous faire voir sous leur véritable aspect cette longue suite d'actes de férocité ?

Quant à nous, nous n'hésitons pas devant une conclusion qui, pour nous, est l'évidence même : c'est que si on se dégage des préjugés de toute sorte, moraux, religieux, philosophiques, juridiques, politiques, qui encombrent la question du droit de punir ; si on veut voir enfin les choses telles qu'elles sont en elles-mêmes, le cours de la justice criminelle, depuis le commencement du moyen âge jusqu'à la fin du XVIIIe siècle, n'a pas été autre chose qu'une véritable maladie de l'humanité ; une crise de développement.

Il ressort encore de cette histoire une autre conclusion, celle-là très importante, pour la juste appréciation de certains faits historiques : c'est que les mêmes phénomènes intellectuels collectifs qui se dégagent des foules, des catastrophes, des mouvements populaires, où ils se manifestent à l'état aigu et localisé, peuvent se produire à l'état chronique et endémique dans une étendue prolongée du temps et de l'espace, en se caractérisant par une identité de symptômes et d'effets auxquels il n'est pas possible de se méprendre.

D'ailleurs, en examinant les choses au point de vue classique, on s'explique très bien comment le cours des idées, qui au surplus est l'expression visible des grandes lois de la vie des peuples, a pu conduire les hommes à cet état d'aberration dont nous sommes épouvantés.

A ce monde bouleversé, couvert de ruines, en proie à tous les maux que l'espèce humaine ait jamais soufferts, et cependant inondé de la jeunesse et de la vie que lui apportaient des torrents de peuples nouveaux, il fallait absolument quelque chose en dehors de la force, qui les écrasait, et de la religion, qui ne pouvait pas les défendre. Alors, dans ces cœurs affolés par la terreur et exaspérés par des souffrances intolérables, l'idée de la punition des méchants s'éleva comme une fièvre ardente ; l'instinct du châtiment, et à sa suite l'instinct du meurtre, se déchaînèrent en liberté, laissant oublier à l'espèce humaine jusqu'à la pitié, jusqu'au sentiment même de sa propre conservation. Et comme dans toutes les grandes révolutions de l'histoire des hommes, on vit les forces sociales, les événements fortuits, les causes secondaires, se détourner de leur direction pour venir grossir le cours des idées.

C'est par ces voies sanglantes que devait s'accomplir, dans l'ordre de la justice et de la vérité morale, la grande loi de la destruction : la destruction, auxiliaire mystérieux qui vient à de certains moments au secours de la mort lorsque la somme de vie ou d'idées est en trop grand excès sur quelque point du temps ou de l'espace. La guerre et la religion sont, avec le droit de punir, les trois forces assignées par la nature à l'espèce humaine pour coopérer en ce qui la concerne à la loi de la destruction des hommes ou des idées. A part les désastres matériels qui résultent de l'action de ces forces, c'est exclusivement contre sa propre espèce que l'homme les dirige. Mais ce qu'il faut surtout reconnaître et constater, c'est que la guerre, la religion et le droit de punir, précisément parce qu'ils sont les trois seules forces de destruction dont l'homme puisse disposer contre l'homme, sont les trois seuls moyens de le gouverner et qu'il n'y en a pas d'autres. Cette dernière observation suffirait à elle seule pour faire mesurer l'importance du rôle que joue le droit de punir dans les sociétés humaines, et pour faire voir combien il est urgent de lui donner une large place dans le cadre des sciences sociologiques.

L'empire romain d'Occident tombe, et à l'élément romain d'une part, à l'élément aborigène de l'autre, vient s'en mêler un troisième, l'élément barbare, d'origine asiatique. Le droit romain semble rayé du

monde jusqu'au XIIIe siècle : l'étude s'en perd, les
textes disparaissent et laissent le champ libre aux
lois des Barbares et aux coutumes des races abo-
rigènes.

On peut affirmer que s'il n'y avait eu dans le
monde, à ce moment-là, d'autre question pendante
que celle du droit de punir, cette question aurait
fait un grand pas. Les Barbares apportaient à l'Europe, avec ce jeune sang qui devait la renouveler,
des idées jusque-là inconnues, quoi qu'on en dise. La
dignité de la personne humaine, l'horreur de l'esclavage, le respect pour la femme, la protection du
faible par le fort, le sentiment de la subordination,
une profonde simplicité de cœur, enfin, cachée sous
la rudesse des mœurs et l'énergie du caractère, auraient fait de ces peuples, en peu d'années, des législateurs éclairés et généreux.

Mais outre que leur ignorance et les langues qu'ils
parlaient ne leur permettaient pas d'imposer leurs
idées aux peuples vaincus, il ne leur eût jamais été
possible, à moins de l'exterminer, de faire disparaître la société qu'ils venaient d'envahir. Pendant
qu'ils se répandaient sur le vieux monde, tantôt par
torrents tantôt de proche en proche comme une
inondation, le christianisme s'infiltrait dans les
âmes, gagnait les classes intelligentes, et parvenait
enfin à la domination politique.

Les idées, ou plutôt les sentiments des Barbares
sur le droit de punir, furent donc repoussés par le
christianisme parce que le christianisme s'était ap-
proprié, avec tout le reste, le droit romain et son
système de répression. C'est ainsi que les chaînes,
les supplices, la torture, avec les distinctions selon
la qualité du coupable, passèrent de la législation
romaine dans celle des peuples chrétiens à mesure
que se débrouillait le chaos du moyen âge. Des
actes législatifs, composés par des jurisconsultes
qui ne connaissaient pas d'autre droit que le droit
romain, remplacèrent peu à peu les coutumes barbares et les usages locaux.

Les Établissements de saint Louis marquèrent
dans l'histoire du droit de punir une époque double-
ment mémorable, car en introduisant l'Inquisition et
en ressuscitant l'étude et la pratique du droit romain, ils donnèrent lieu à un mouvement qui mettait
entre les mains de l'Église la justice criminelle appuyée sur l'autorité du droit écrit et sanctifiée par
la consécration divine. La justice devint « un sacerdoce » : le mot est resté, et on peut encore, même
de nos jours, entendre de fort braves gens le prononcer avec autant de recueillement que de conviction. Il résume parfaitement toute la théorie du
droit de punir, depuis le moyen âge jusqu'à nos
jours.

Au reste nous ne voulons pas dire que l'Eglise eût, de propos délibéré, conçu le dessein de tourner au profit de sa puissance ce redoutable pouvoir : non, elle a suivi la voie que sa propre organisation lui traçait : du moment qu'elle avait fait reconnaître sa suprématie sur les gouvernements et sur les consciences, elle devait forcément étendre son action sur la justice criminelle. Elle eut son droit canonique, ses juridictions privilégiées pour les clercs et pour tout ce qui dépendait des clercs. Or comme les églises, les monastères, les établissements charitables, les écoles et les universités, contenaient la majorité du petit nombre d'hommes intelligents et instruits d'alors ; comme les fonctionnaires étaient élevés par des prêtres et en prenaient toutes les idées ; comme enfin le clergé avait partout une influence directe sur les affaires tant publiques que privées, l'Église ne pouvait pas ne pas intervenir dans une question aussi vitale, alors que partout ailleurs elle intervenait. Ainsi que dans tous les cas où il faut qu'un grand effort se fasse, où il faut qu'un fait se produise parce qu'il est nécessaire là et non ailleurs, toutes les circonstances extérieures se réunirent pour concourir au même effet, celui d'unifier le droit criminel en lui donnant le caractère universel du catholicisme avec la double autorité de la science et de la foi.

L'intérêt des rois et des seigneurs, celui de l'Église aussi, se trouvaient d'abord, comme nous l'avons fait remarquer plus haut, merveilleusement servis par l'exercice du droit de punir. De leur côté les faibles et les pauvres voyaient dans la justice leur unique protection contre la violence des puissants.

Dans l'ordre logique, l'autorité des traditions, la puissance des idées acquises, enfin l'hérédité, faisaient naître et vivre des générations incessamment imbues d'un ensemble de sentiments et de conceptions morales que rien ne pouvait combattre et que tout venait étendre et confirmer ; car il est de l'essence d'une loi morale de ne jamais se démentir et de ne pouvoir revenir sur ses pas. Les incriminations tendent continuellement à se multiplier, jamais à diminuer. Par un corollaire de ce principe, la poursuite, la répression, doit toujours tendre à son but idéal, qui est de ne pas laisser impunie une seule infraction.

Une fois admis que l'intérêt de tout le monde était de travailler sans relâche à découvrir toutes les formules du mal et à en réprimer toutes les manifestations, le législateur se trouvait en quelque sorte affranchi de responsabilité. Appuyé sur la morale, sur la tradition constante, sur une loi vieille comme le monde, il ne pouvait lui venir d'autre scrupule que celui de trop écouter son cœur. De même du juge, de même de l'exécuteur. L'Église, alors toute-puissante, n'avait autre chose à faire que d'ap-prouver. Elle ne versait pas le sang des coupables, mais elle les torturait sans effusion de sang, les condamnait à mort et les livrait au bras séculier.

Il y eut enfin, dans le cours du moyen âge, une autre influence sur le droit de punir : influence sim-plement littéraire, mais sous l'apparence de laquelle il y avait toute la force de la civilisation romaine : c'est que les lois romaines étaient écrites en latin ; que les sentences, les ordonnances des rois, le furent en cette langue. De leur côté les jurisconsultes écri-vaient en latin ; ils étaient peu nombreux et leur science n'avait d'autre source que le droit romain, les coutumes et leur propre pratique judiciaire. Les gens qui pouvaient lire leurs ouvrages étaient eux-mêmes en petit nombre ; mais ces lettrés, ces sa-vants, il y en avait dans toutes les contrées de l'Eu-rope, et ils communiquaient continuellement entre eux grâce à la langue universelle. C'est ainsi que la justice restait l'apanage forcé et commun de la classe intelligente et lettrée, et cette classe se trouvait être en même temps la caste religieuse, ayant en poli-tique la haute main sur tout.

A une pareille poussée de forces il n'y avait pas de résistance possible, pas plus matériellement que moralement. On l'aurait pu qu'on ne l'aurait pas voulu, par la raison que nul n'aurait eu l'idée de réclamer contre la loi qui punissait le mal au nom du bien, l'erreur, au nom d'une vérité sur laquelle personne n'avait un doute. Qui avait intérêt à réclamer ? Les criminels : et tout le monde était contre eux.

On ne réfléchira jamais assez sur ce qu'est la situation où une accusation fait passer un homme. Du jour au lendemain, toutes ces croyances, toutes ces lois, toutes ces forces, tous ces préjugés, auxquels il participait et contribuait, tout cela, qui était pour lui, est contre lui. Pour échapper il n'a que deux ressources, car s'il ne réussit pas à prouver qu'il n'est pas coupable ou qu'il n'y a pas de loi applicable, il est perdu : quelle que soit la peine, quelle que soit la loi, il lui est interdit, à lui et aux autres, de les discuter.

Il n'est donc pas étonnant qu'au moyen âge, à une époque où les peuples ne pouvaient comprendre de la vie que ce que leur en enseignait l'Église, ils se soient courbés sous les chaînes et sous les tortures comme ils se courbaient sous les autres calamités. De leur côté, ceux qui les frappaient n'en savaient pas davantage, et leurs convictions légitimaient, sanctifiaient à leurs propres yeux, ce que l'intérêt leur faisait faire.

CHAPITRE III

EXAMEN DE LA DOCTRINE DE L'INTIMIDATION

Ainsi le droit criminel moderne s'est formé d'abord comme s'était formé le droit criminel ancien, par la tradition et par les écrits des jurisconsultes, écrits faits eux-mêmes de tradition et de pratique. Lorsqu'il se fut formé une masse suffisante de jurisprudence, les gouvernements en tirèrent des ordonnances et des lois. De ces textes sortaient de nouveaux usages, une jurisprudence, des livres, qui, au bout d'une certaine période, donnaient lieu à de nouvelles lois. Mais comme tout ce travail se passait entre les mêmes personnes et entre les mêmes pouvoirs, les idées n'étaient jamais mises en question, puisque la source de l'autorité de la loi était précisément l'autorité des législateurs.

Au surplus, si cette institution presque sacrée pla-

naît au-dessus de la vaine science et des disputes
téméraires des hommes, elle n'en avait pas moins sa
théorie et son système tout comme la religion. Sa
théorie consistait à considérer les puissances terres-
tres comme investies, de par le droit divin, de toute
autorité sur les choses de la conscience, de sorte que
tout ce qu'elles condamneraient serait mal. Le pouvoir d'incriminer les actions des hommes était donc
illimité, en même temps qu'inspiré de Dieu. Ceci
établi, le droit et le devoir du législateur étaient de
saisir le mal partout et de le réprimer jusqu'à ce
qu'il disparût. Or, comme le législateur n'était pas
seulement le gardien mais le père des peuples, il devait en outre les moraliser, et dans le châtiment d'un
coupable, renfermer une leçon et une menace pour
ceux qui seraient tentés de l'imiter.

De là sortit le système de l'intimidation, qui était
sans doute au fond des lois romaines, mais dont le
moyen âge, par la torture et l'Inquisition, et plus
peut-être encore par la folie sanguinaire et contagieuse des hommes de ce temps, a fait véritablement
son système à lui.

Sans doute on ne saurait contester que l'intimidation ne soit un moyen légitime de prévenir le mal :
pour le nier il faudrait prétendre que la crainte des
suites d'une action n'a jamais empêché personne
de la commettre. Si l'on a pu dire justement que

le repentir est le commencement de la sagesse, on peut ajouter que la sagesse ne se confirme et ne se maintient que par la crainte de nouveaux repentirs.

Mais pour que ce sentiment de la crainte puisse avoir prise sur nous, il faut que nous soyons dans de certaines conditions, qui sont déterminées par la nature des choses et non par les décisions du législateur.

Voilà un aliéné qui commet un assassinat : quelque épouvantable que soit le supplice que vous lui infligerez, croyez-vous que l'intimidation empêchera un autre aliéné de commettre un crime semblable? Vous pendez un voleur. Si vous le pendez au milieu d'une société à l'état normal, vous pourrez faire un exemple efficace : mais si la population est en proie à la famine, vous ne parviendrez jamais, quand vous pendriez tout le monde, à faire qu'un homme affamé soit plus effrayé du risque d'être pendu que de la certitude de mourir de faim.

Mais le caractère propre de l'intimidation à outrance, c'est de ne tenir aucune espèce de compte des conditions où devra fonctionner la loi pénale qu'on se propose de promulguer. Or quelque large que puisse être la part du châtiment dans la lutte du bien contre le mal, c'est une part et ce n'est pas tout. Si donc on veut tout demander au châtiment seul, on est conduit à aggraver continuellement les peines sans pouvoir s'arrêter, non seulement parce qu'il y a une certaine quantité de mal qui est irréductible, mais parce qu'au delà d'un certain degré l'excès des châtiments, au lieu d'empêcher les crimes, fait des criminels.

Quand le législateur transporte dans la classe des faits punissables un acte jusque-là impuni, il n'ajoute pas seulement un article à la nomenclature des espèces juridiques : il étend la morale, il y ajoute, en le confirmant par des peines, un théorème nouveau, théorème obligatoire, auquel les honnêtes gens s'empressent d'adhérer avec d'autant plus de conviction que la peine édictée est plus terrible. Les futurs coupables de ce crime nouveau, tant qu'ils ne l'ont pas commis encore, le voient aussi du même œil, et lorsqu'enfin ils se seront décidés à le commettre, c'est que la force d'immoralité nécessaire pour les y déterminer sera devenue supérieure à l'horreur qu'ils éprouvaient pour le crime en général.

Les mêmes mobiles qui poussent le législateur à incriminer portent les magistrats à multiplier les poursuites, et, une fois qu'ils tiennent l'accusé, à se montrer faciles pour les preuves, impitoyables dans le jugement. Dans cette poursuite furieuse, où l'orgueil et le penchant au meurtre s'animent par la vue du sang, le juge prend les instincts du chasseur et l'homme lui devient une proie.

Mais par l'effet d'une contagion que la folie porte avec elle, le vertige du justicier se communique au justiciable, et quoique ni les uns ni les autres ne comprennent plus ce qu'ils font, ils le voient, et un nouvel instinct plus puissant et plus dangereux encore, celui de l'imitation, vient se mettre de la partie et pousser les uns au crime et les autres à l'iniquité.

Voilà comment des causes profondes et tenant à l'essence de la nature humaine se découvrent sous l'apparente contingence des événements historiques et des actes individuels de tel ou tel personnage. De ce qu'une observation, traditionnelle ou non, aura donné à la science ou à l'histoire une idée exacte de l'objet étudié, il ne s'ensuit pas qu'il soit interdit de considérer ce même objet à un autre point de vue : tout ce qu'on peut exiger, c'est que les résultats de cette seconde étude ne soient pas incompatibles avec ceux de la première.

Or il nous semble que le droit de punir a jusqu'ici toujours été étudié de trop près, et que, ne s'en mettant pas assez à distance, on n'en a pas suffisamment considéré les grandes lignes, les reliefs dominants.

Le monde des idées n'est pas fait autrement que le monde des choses : rien ne s'y perd et rien n'y vient de rien. Il ne suffit pas de remonter de la mer

au fleuve et du torrent au glacier pour se rendre
compte du voyage d'une goutte d'eau à travers le
globe : il faut encore découvrir les grandes forces,
les lois universelles, qui ont dû fonctionner pour
la mettre en mouvement. Il n'y a pas deux ordres
de principes, l'un pour la nature et l'autre pour
l'humanité, il n'y a qu'un seul ordre comme il n'y a
qu'un seul univers, et les mêmes lois régissent la vie
dans toutes ses manifestations. Or le droit de punir,
sous quelque rapport qu'on le considère, nous présente un des phénomènes sociaux les plus effrayants
par leurs effets et les plus mystérieux dans leurs
causes. Comme la guerre, comme la religion, il est
une des fonctions de cette force universelle qui, par
l'attaque et la résistance incessamment renouvelées,
entretient dans une lutte éternelle les deux grandes
lois de la conservation et de la destruction. Le problème du bien et du mal ne peut être ni révélé par
la religion, ni tranché par la violence des châtiments, ni deviné par la spéculation pure : il faut
qu'il sorte du dogmatisme et de l'empirisme et que,
comme la médecine, qui a passé par ces deux états
et qui lui ressemble de si près, il entre dans la période de la science.

Nous espérons avoir présenté sous leur vrai jour
les origines et les développements du droit de punir
dans l'antiquité et pendant le moyen âge. Nous au-

rions pu ajouter à notre étude beaucoup d'autres documents, mais dans un travail où nous voulons seulement exposer nos vues, nous avons cru pouvoir
nous borner à ce qui nous paraîtrait suffire pour
motiver nos conclusions.

Nous avons commencé par réduire à la plus simple
expression possible la formule du droit de punir ;
puis, par l'analyse du droit criminel dans l'antiquité
et dans le moyen âge, nous avons montré comment
la loi du châtiment avait cheminé de proche en
proche à travers le temps et l'espace, pour étendre
enfin sur toute l'Europe sa redoutable unité ; enfin,
parvenus à la période où sa puissance est au plus
haut point d'absolutisme, nous avons essayé de faire
voir à quel degré d'aberration criminelle l'ignorance
et l'orgueil avaient fini par amener les hommes.

CHAPITRE IV

JUGEMENT DE LA VIEILLE JUSTICE

Nous espérons que tout homme habitué à la généralisation scientifique, s'il veut être en même temps assez ferme pour se dégager de la tyrannie des vieilles idées et assez humain pour mettre la main sur son cœur avant de répondre, reconnaîtra avec nous que la justice criminelle, dans l'antiquité mais surtout depuis le moyen âge jusqu'au XVIIIᵉ siècle, n'a été, dans ses théories comme dans son application, qu'une longue suite d'erreurs aboutissant à un immense accès de folie furieuse.

Ici l'histoire nous montre ce que l'observation des individus fait voir si clairement : c'est qu'entre le crime et la folie il y a plus d'un rapport. Il faut avoir la fermeté de reconnaître cela et de le dire, sans se laisser effrayer par les prétendus dangers de cette

vérité : jamais une vérité n'est dangereuse, tandis
que l'erreur l'est toujours, et infailliblement. Qu'on
ne redoute pas de savoir ce que savent tous ceux
qui ont observé les fous et les criminels, car on
saura aussi que dans la plupart des cas l'homme, ou
un de ses ascendants, est responsable de sa folie au
même titre que le criminel l'est de son crime, c'est-
à-dire de par ses propres fautes ou celles de ses
parents.

Nous ne nous dissimulons pas tout ce que notre
conclusion peut avoir de violent et d'inusité dans
une matière où la conscience et les lois de plusieurs
millions d'hommes ont pendant tant de siècles si sou-
verainement prononcé : mais pour nous qui croyons
avoir reconnu dans l'instinct la cause prépondérante
du phénomène social que nous étudions, le mystère
apparent de cette force de conservation se retour-
nant contre la société pour la détruire, loin de con-
fondre notre raison nous semble au contraire s'é-
claircir par la contradiction même qu'il porte avec
lui. Il nous révèle une fois de plus une autre
grande loi qui ne se lasse pas de fonctionner bien
que l'homme ne se lasse pas de la méconnaître : c'est
que le mal, sous quelque forme qu'il se manifeste,
erreur ou crime, traîne toujours avec soi son propre
châtiment, et qu'autant de fois l'espèce humaine
s'éloigne de la nature ou de la vérité, autant de fois

elle en est punie par le mal qu'elle souffre et par le mal qu'elle fait.

Dans cette vie faite de liberté individuelle et de nécessité collective, il faut que l'homme se conforme et se soumette à l'ordonnance dont il n'est lui-même qu'un des éléments, et c'est surtout dans l'histoire de ses malheurs qu'il trouvera le secret de la sagesse. Lorsqu'un révolutionnaire fameux s'écriait : « La révolution est comme Saturne : elle dévore ses propres enfants ! » il faisait l'histoire de tous les monstres enfantés par l'ignorance et la folie humaines.

Ainsi les choses ont leur justice : il faudrait fermer les yeux à l'histoire pour ne pas en convenir, et toutes les fois que l'homme s'écarte des voies de la vérité, la douleur le châtie et l'y ramène.

L'humanité n'est au fond qu'un homme collectif. Pour elle comme pour l'individu, la durée de la vie est limitée, et dans l'espace de temps qui lui est assigné pour naître, vivre et mourir, il faut qu'elle accomplisse une certaine série d'évolutions. Vu de haut, ce que nous prenons pour des accidents ou des catastrophes n'est que le cours de la croissance d'un être qui grandit à travers les crises de l'enfance et les orages de la puberté, et que la nature, à la fois sévère et tendre, caresse et punit tour à tour.

Mais où cette leçon pourrait-elle être plus frappante et plus efficace que dans la question qui nous occupe, quand nous voyons le droit de punir puni lui-même de ses erreurs par ses propres crimes? Pour dire que cette leçon n'est pas faite pour nous, il faudrait prétendre que les sociétés actuelles ont résolu le problème, et il suffit de regarder autour de soi pour voir que partout, aussi bien à l'étranger qu'en France, la question pénitentiaire se maintient à l'ordre du jour. Nous n'entendons pas seulement faire allusion aux travaux des criminalistes, qu'on n'étudie guère : nous voulons parler des agitations, des révolutions, qui se sont produites parfois à propos d'une loi répressive; nous voulons parler de ces procès, de ces drames judiciaires, pour lesquels on voit parfois l'Europe entière se passionner : pourquoi, parce que là se joue une partie où sont en jeu la conscience et la liberté, l'honneur et parfois la vie de nos semblables.

CHAPITRE V

LA LÉGISLATION ACTUELLE

Ainsi la question est ouverte. Elle est loin d'être résolue. On a aboli la torture, on a adouci les peines, on a fait disparaître des incriminations insensées, mais on n'est pas plus avancé sur la théorie du droit de punir, pas plus fixé sur la nature et la proportion des peines, qu'on ne l'était au moyen âge. Sans doute le système de l'atténuation, sous les formes variées qu'on lui a données dans nos lois et dans les autres lois de l'Europe et de l'Amérique, assure au juge une liberté relative qui est d'un prix inestimable : mais ce système n'est qu'un expédient, il ne résout pas le problème de l'équation entre la peine et le délit, et c'est là précisément qu'est le nœud de la question. C'est même, au fond, toute la question du droit de punir, puisque tout revient à

rechercher pourquoi on incrimine tel fait, et pourquoi, l'ayant incriminé, on y applique telle peine et
non pas telle autre.

Par tout ce qui précède, nous avons vu comment
le droit criminel s'est développé jusqu'à la fin du
XVIIIᵉ siècle. Voyons maintenant comment, à partir
de la révolution, il s'est transformé pour arriver à
nous dans l'état où nous le voyons aujourd'hui.

Qui a fait nos lois pénales ? Comment les a-t-on
faites ? Qui prend l'initiative lorsqu'il faut modifier
une loi ancienne ou en porter une nouvelle ? Enfin
quels sont les principes générateurs de la répression, et en quoi diffèrent-ils de ceux des anciens
législateurs ?

Il faut commencer par une observation qui domine
tout et qu'on doit sans cesse avoir devant les yeux :
c'est que cette question n'est ouverte que depuis un
siècle au plus. C'est le 9 mars 1762 que Calas fut
roué, et cette date mémorable marque la première
déclaration de guerre qui ait été faite à la vieille
justice.

Quand Voltaire n'aurait eu que cette gloire, il
faudrait, rien que pour cela, le mettre au rang des
plus grands bienfaiteurs de l'humanité. Beccaria
fut son élève, et c'est à ce titre que Voltaire le prit
sous sa protection.

Mais jusqu'à la révolution, à part l'abolition de la

torture, car il est juste de reconnaître que la torture
était abolie de fait, la loi pénale n'avait pas été
changée d'un iota. En 1758, sur la place de Grève,
en présence des grandes dames de la cour, on avait
coupé le poing à Damiens, on l'avait tenaillé aux
seins, aux bras et aux cuisses, on avait versé du
plomb fondu dans ses plaies, on l'avait tiré à quatre
chevaux, et comme les chevaux n'avaient pas assez
de force pour arracher les membres du patient, on
avait désarticulé les épaules et les cuisses avec un
couperet. Voilà où on en était à la fin du XVIIIᵉ siècle. Sans doute quelques voix s'étaient élevées pour
protester contre ces abominations, mais timidement,
parce que l'horreur du régicide dominait les sentiments d'humanité.

Ce n'est pas à dire pour cela que cette insurrection des consciences contre la vieille justice manquât
de courage ou d'énergie : Mably, Rousseau, Black-
stone, Philipps, Voltaire, Beccaria, Bentham, Dide-
rot, Rœderer, Brissot de Warville, s'y jetèrent avec
enthousiasme. Dupaty, président à mortier au parlement de Bordeaux, nous a laissé dans ses *Lettres
sur l'Italie* un passage qui nous montre de quel ton
un magistrat ne craignait pas de parler de la justice
de son temps :

« J'ai parcouru le registre des galères. Écoutez : des
enfants de *treize ans*, condamnés aux galères *pour*

avoir été trouvés avec leurs pères convaincus de contrebande ! Je l'ai lu. *Pour avoir été trouvés avec leurs pères !* S'ils n'avaient pas été trouvés avec eux, on les eût mis à Bicêtre. Voilà le code du fisc ; voilà l'indulgence pour le fisc : on lui a vendu le sang innocent ! et on se tait !

» J'ai vu plusieurs de ces enfants, et des larmes ont roulé dans mes yeux, et l'indignation s'est allumée dans mon âme, et je ne me suis apaisé que dans l'espérance de ne pas mourir sans avoir dénoncé tous les crimes de notre législation criminelle. » (*Lettres sur l'Italie en 1785*, Lettre III.)

Ce passage n'est pas seulement touchant par l'énergie d'humanité qui l'a inspiré ; nous y pouvons, par les yeux d'un magistrat, lire dans un document officiel du temps ce qu'était la justice réelle, et juger combien l'opinion de quelques philosophes était en avance sur l'état de la législation.

Lorsque Dupaty s'écrie : « Voilà l'indulgence pour le fisc : on lui a vendu le sang innocent ! », il met le doigt sur la grande plaie de la vieille justice. Le fisc, en effet, a été pour la justice criminelle quelque chose d'effroyable, en ce qu'on trouvait dans les peines un moyen d'assurer par la terreur le recouvrement des impôts.

Dans ce temps-là, on condamnait les fraudeurs à 1,000 livres d'amende, mais on envoyait aux galères

ceux qui ne pouvaient payer. La peine de mort était
même prononcée dans certains cas. « Il y avait un
nombre énorme d'enfants arrêtés. On a calculé qu'à
la veille de la révolution, six à sept mille personnes
étaient arrêtées annuellement pour contrebande de
sel et que, sur ce nombre, trois cents environ étaient
envoyées aux galères. » Ces pénalités, du reste, de-
venaient impuissantes, si bien qu'en désespoir de
cause le gouvernement finit par s'adresser officiellement aux évêques pour leur demander de faire
intervenir les confesseurs afin d'arrêter la fraude
et d'obliger les fraudeurs à restituer. (Éd. Labou-
laye, *Cours de législation française fait au Collège
de France*, Revue des cours littéraires, 2e année,
p. 638.)

Quel exemple pour les mauvais gouvernements !
La dilapidation des deniers publics poussait à toutes
les extrémités ces gouvernants qui dissipaient et ces
fermiers généraux qui voulaient s'enrichir : mais
avec la ruine des finances, l'esprit de vertige qui
soufflait sur la société française apportait l'oubli des
principes les plus sacrés, et c'est ainsi que l'abus
du droit de punir fut la conséquence du désordre
des affaires publiques et que des questions d'argent
devinrent un obstacle à la réforme des lois criminelles.

Mais ce n'est pas impunément qu'on peut conti-

nuer longtemps de telles entreprises sur les droits de
la nature humaine, et il arrive infailliblement que
parmi ces milliers de moutons qu'on égorge, il se
trouve à la fin un lion qui tue en se défendant. Mi-
rabeau fut un de ces lions-là, et si les rugissements
qu'il poussait du haut du donjon de Vincennes furent
assez puissants pour renverser une monarchie, c'est
qu'ils avaient pour écho les cris de douleur de tout
un peuple.

Quoi qu'il en soit on peut juger, d'après la violence des attaques qui se produisirent contre le livre
de Beccaria, de la résistance que ses idées ren-
contraient dans le monde religieux et judiciaire.
La république de Venise, s'étant imaginé que plusieurs passages du livre de Beccaria et notamment
le chapitre *Des accusations secrètes,* étaient dirigés
contre elle, avait chargé un moine nommé Vincenzo
Facchinei de le réfuter. Il traita Beccaria d'athée,
d'ennemi du gouvernement, de la religion, de la
vertu. Il l'appela contempteur des saints, des moines,
des autels. Muyart de Vouglans réfuta le livre *des
Délits et des peines.* La préface de Jousse, dans son
Traité de la justice criminelle, page LXIV, dit : « *Le
Traité des délits et des peines* tend à établir un
système des plus dangereux et des idées nouvelles
qui, si elles étaient adoptées, n'iraient à rien moins
qu'à renverser les lois reçues jusqu'ici par les na-

tions les plus policées, et donneraient atteinte à la religion, aux mœurs et aux maximes sacrées du gouvernement. » (Nypels, *Bibl. choisie du droit criminel*, p. 28.)

Jousse et Muyart de Vouglans étaient alors les oracles de la justice criminelle. On conçoit quelle indignation devaient ressentir contre un novateur téméraire des hommes qui toute leur vie avaient travaillé de bonne foi dans un ordre d'idées, et qui étaient en possession d'une autorité jusque-là incontestée : attaquer leurs principes, c'était leur arracher la peau ; on peut trouver plus d'un exemple de situation analogue dans l'histoire des sciences, où ce qu'on appelle les positions acquises est un des plus grands obstacles au progrès. Rousseaud de Lacombe, dont le *Traité des matières criminelles* avait la même autorité, et qui publiait en 1762 la cinquième édition de son livre, ne voyait pas les choses autrement. Il traite avec le plus grand sérieux des crimes de magie et de sortilège (Édit. de 1762, p. 118 et 123) ; pour ce qui est de la torture, il « prendra la liberté de représenter aux juges et aux magistrats que de condamner un accusé à la question préparatoire est chose bien délicate, etc. ; mais, quant à la question préalable qu'on ordonne pour avoir révélation et déclaration des complices par la bouche d'un condamné à mort, il n'y a aucun inconvénient à l'ordonner, parce qu'on en tire souvent un grand bien pour la société civile, et qu'il n'y a pas un grand ménagement à garder en la personne d'un condamné à mort, et qui va pour ainsi dire être exécuté. »

Il n'y a rien de plus effrayant que la scélératesse d'un honnête homme : voilà un honnête homme qui, par la force du cours des idées où il a vécu, est amené à présenter comme légitime une pratique dont au fond il a horreur, et il n'hésite pas à dire que la société peut tout se permettre contre un homme, pourvu qu'elle ait soin de le condamner à mort et de ne le torturer que pendant son agonie.

Plus loin, revenant sur la torture, il écrit ce passage, qui fait bien voir quel rôle dominant a toujours joué la tradition dans la justice criminelle, et de quel poids pesait cette autorité sur l'esprit des légistes : « Aussi nous avons nombre d'auteurs qui ont écrit contre la question ou torture, et entre autres M. Nicolas, président au Parlement de Besançon, dans un traité particulier qu'il a fait à ce sujet en 1681, où il rapporte tout ce qu'on peut dire pour montrer que la question est inutile. Cependant il faut convenir qu'elle est fort ancienne ; il y en a des vestiges dans l'Ancien Testament, et des dispositions précises dans le droit romain, comme nous le voyons dans le titre *De Quœstionibus*, au Digeste et au Code ; quoi qu'il en soit il faut convenir que du moins la question préalable et définitive produit très souvent des effets merveilleux par rapport à la découverte des complices. » (*Ib.*, p. 572.)

Ici se présente une observation très utile à noter, et dont il faut tenir grand compte toutes les fois qu'on étudie une époque de transition comme est la fin du XVIIIᵉ siècle.

Les faits suivent un cours uniforme. Cela tient à leur nature même, qui est concrète et physique : un fait ne peut ni avancer ni reculer ; s'il est passé ou futur, il n'existe pas. Les idées, au contraire, sont de leur nature dans un perpétuel mouvement d'oscillation, de va-et-vient : elles sont donc en retard ou en avance sur la marche uniforme des faits selon qu'on les considère à tel ou tel moment donné. Plus l'époque est normale, moins il y a d'écart entre la ligne des faits et les points extrêmes d'oscillation des idées : plus l'époque est révolutionnaire, plus l'écart s'amplifie ; tandis que les faits marchent en ligne droite, l'esprit humain, chancelant comme un homme ivre, avance, recule, tombe à droite, se jette à gauche, mais gagne dans la même direction et finit par arriver tôt ou tard au point où tendent les faits. C'est ainsi que le cours des idées avance en serpentant, parce qu'il rencontre dans sa marche tantôt des obstacles qui le détournent et tantôt des pentes qui le précipitent. Les idées nouvelles, les ambitions, les espérances, sont les pentes : les vieilles idées, les droits acquis, la crainte du changement, sont les obstacles.

Or toutes les fois qu'il s'agit d'attaquer ce qui existe, on trouve devant soi la génération des hommes qui ont passé leur vie à respecter les institutions, à les admirer, à y croire comme à un article de foi. C'était le cas pour la justice, qui avait toujours été considérée comme un attribut de la royauté ; mieux que cela, même, comme une émanation de la puissance divine. On peut penser quels sentiments devaient soulever l'âme des législateurs, des magistrats, des légistes, lorsqu'ils entendaient traiter de crimes « les lois reçues jusqu'ici par les nations les plus civilisées » et « les maximes sacrées du gouvernement », comme disait Jousse dans sa préface. Des hommes qui avaient cru remplir non pas seulement une haute fonction mais un sacerdoce presque divin, comment les amener à reconnaître qu'ils n'avaient été que des bourreaux imbéciles ? Plus on attaquait leur justice et plus ils devaient l'embrasser, autrement ils étaient sans excuse.

Or les générations ne meurent pas en masse : elles se renouvellent en détail par la mort des uns et par la naissance des autres. Il en est de même des idées. Ce que nous appelons génération n'existe pas dans la nature si nous voulons entendre par là l'apparition

et la disparition simultanées d'un certain nombre
d'individus : les êtres ne traversent l'existence que
successivement, et la vie n'est que la moyenne entre
les entrées et les sorties.

Lorsque vint la révolution de 1789, la moyenne de
la génération parvenue à l'âge d'homme était dans
les mêmes conditions que les jurisconsultes comme
Jousse et Muyart de Vouglans : c'était là le gros de
l'opinion publique. L'opinion publique est toujours
conservatrice et ennemie des nouveautés ; cela doit
être, et ce serait même un grand malheur qu'il en fût
autrement. Les philosophes formaient un camp, une
armée si l'on veut, mais leurs écrits n'avaient pas
la centième partie des lecteurs que trouve actuellement un numéro du *Petit Journal.*

Quelque violente, quelque radicale que puisse être
une révolution, elle a beau faire, il faut bien qu'elle
se serve des hommes qui vivent à ce moment-là. De
plus elle ne peut prendre ni les tout jeunes gens,
qui manquent d'autorité, ni les vieillards, qui n'ont
plus d'énergie, de sorte qu'elle se recrute forcément parmi les hommes d'âge moyen. Eh bien, à cet
âge, quelque hardies, quelque téméraires que puissent être les opinions, il y a un certain nombre
d'idées dans lesquelles on a vécu et dont on ne peut
plus se défaire. Si loin qu'on puisse aller, on part
toujours des idées acquises, et même, en y regar-

dant d'un peu haut et d'un peu loin, nous verrions
que les grandes audaces des révolutions n'ont rien
de neuf, et que la faiblesse et la folie des hommes
tournent à peu près dans le même cercle depuis le
commencement du monde.

Les premiers législateurs de la révolution de 1789
étaient donc, par leur âge, par leur éducation, par
leurs idées acquises, imbus pour la plupart des sentiments de la majorité du peuple français. Quelques-
uns, il est vrai, professaient les doctrines des philosophes, mais il ne faut pas se méprendre sur ce
qu'étaient ces doctrines en matière de droit criminel:
elles n'allaient pas si loin qu'on croit. Les abus qui
ont fait l'objet du livre de Beccaria sont de ceux
qu'on ne discute plus. Il en était de cela comme des
hardiesses des philosophes : pour le temps, cela
semblait nouveau ; mais pour nous qui avons dé-
passé de beaucoup toutes ces aspirations juvéniles,
c'est « l'enfance de l'art ». On s'élevait avec une
grande éloquence contre la torture, contre les accusations secrètes : mais lisons Rousseau, par exemple,
et nous verrons avec quelle désinvolture il prononce
la peine de mort à tout bout de champ contre les citoyens de sa fantastique utopie.

Le vrai est que ces humanistes, élevés dans une
aveugle admiration pour l'antiquité, y avaient pris
cette redoutable manie de l'éloquence littéraire qui,

par l'orgueil et le penchant à l'imitation, persuade à l'homme qu'il est semblable aux héros de la Grèce et de Rome, qu'il est fait pour dominer ses contemporains, qu'il doit leur imposer ses idées, même par la force. Et comme l'histoire dont ils s'inspirent est celle de deux peuples barbares·où la domination d'une oligarchie s'appuyait sur la force, sur l'esclavage et sur le mépris complet de la personne humaine, ces orateurs, s'ils parviennent à mettre la main sur le pouvoir, deviennent des tyrans.

C'est par des hommes de cette trempe que fut rédigé le code des délits et des peines, de brumaire an IV. Et dans quelles circonstances y travaillèrent-ils? Au milieu des fureurs d'une révolution qui versait le sang par torrents. Ils étaient comme ces chirurgiens qui, dans un combat naval, pendant que les hommes et les canons rugissent au-dessus de leurs têtes, sont à leur ambulance à fond de cale, taillant et cautérisant les corps mutilés qu'on leur apporte, et baignant leurs pieds dans une mare de sang qui n'a pas d'issue pour s'écouler. Ce n'est pas impunément que l'homme assiste à ces massacres : le carnage n'exerce pas seulement sur lui une fascination ; il laisse positivement sur l'âme un stigmate qui ressemble à une tache de sang, et qui est long à s'effacer.

Mais une autre cause plus directe poussait à l'abus

du droit de punir : c'était l'intérêt des chefs de la révolution. Ils se trouvaient dans la même position que les seigneurs féodaux au commencement du moyen âge : ils avaient besoin de suppléer par la terreur à la force qui leur manquait.

Le code pénal de 1810 fut fait par des hommes dont la jeunesse s'était passée au milieu de la révolution. L'ordre était rétabli, un gouvernement régulier avait succédé à l'anarchie, mais on venait à peine d'en finir avec les bandes des Chauffeurs, et dans cette société encore palpitante des secousses qu'elle venait de ressentir, tout commandait la rigueur contre le crime. Le gouvernement était absolu, il avait le prestige de la gloire, et surtout il fauchait les hommes comme des épis, ce qui n'était guère propre à inspirer la mansuétude aux rédacteurs du code pénal.

Pour donner une idée de ce qu'était la justice criminelle sous le premier Empire, nous pouvons citer un fait presque personnel. Au commencement de notre carrière judiciaire nous avons eu pour collègue un vieux juge qui nous racontait qu'étant procureur impérial au criminel près le tribunal de Nice, il avait pour sa part fait condamner et exécuter, en moins de deux années, quatre-vingt-seize voleurs de grand chemin.

Les théories de Bentham eurent la plus grande influence sur les rédacteurs du code de 1810. Ces théo-

ries se réduisent à un seul principe, celui de l'utilité.
La peine est un acte de légitime défense, rien de
plus, mais c'en est assez pour légitimer tout, la prévention comme la répression, et la prévention ne peut
s'obtenir qu'en intimidant. La dose de la peine se
trouve dès lors composée de deux quantités : la quantité indispensable pour réprimer le mal par la souffrance infligée au condamné, et la quantité suffisante
pour effrayer quiconque serait capable de commettre
un crime semblable. On le voit : c'est un retour au
système d'intimidation du moyen âge.

La codification des lois, à côté des avantages de
l'unité, a les inconvénients de l'esprit de système.
Dans un code fait tout d'une pièce, les idées régnantes, empreintes sans doute de la manière de voir
propre au législateur, entrent en bloc et forment
comme un noyau irréductible sur lequel les changements ultérieurs n'ont pas de prise, de sorte qu'au
delà du point où ils sont sans résultat, ils ne peuvent
plus que désorganiser le système.

La rigueur des peines, la multiplicité des incriminations, sont les deux caractères dominants du code
pénal de 1810.

Il y a tout un titre du livre III qui n'est pour ainsi
dire consacré qu'à la sanction du principe de la séparation et de l'indépendance des pouvoirs, et qui n'a
jamais trouvé son application, parce que le gouver-

nement et l'administration ont toujours suffi et au
delà à maintenir ce principe. Il y a plus, c'est que le
jour où ils n'auraient d'autre ressource que les tribunaux pour le faire respecter, c'est qu'il ne resterait
plus de gouvernement ni d'administration. Toutes
ces incriminations, qu'il était nécessaire d'inscrire
dans la loi pénale d'un ordre de choses nouveau,
sont donc aujourd'hui devenues superflues. Elles n'en
subsistent pas moins, et elles ont gardé toute leur
autorité. Pourtant on commence à revenir beaucoup
de cette théorie de la séparation des pouvoirs, et il
y a des peuples très bien constitués chez lesquels
on y a renoncé avec grand avantage. Si une réforme
en ce sens se préparait chez nous, le code pénal de
1810 y serait un grand obstacle.

Il y a aussi dans le code tout un système d'incriminations absolument incompatibles avec les principes d'économie politique désormais admis. Tandis
que le gouvernement et l'administration pratiquent
ces principes, la loi pénale ne les reconnaît pas.
Ainsi tous les jours on peut voir des gens poursuivis pour avoir prêté à 7 0/0, tandis que la Banque
de France, en vertu de la loi qui l'autorise, porte son
escompte à 7 et à 8 0/0.

Nous pourrions étendre ces observations à bien
d'autres détails du code de 1810, et si de là nous
passions à l'examen des autres lois répressives qui

sont venues tour à tour le compléter ou le modifier, nous verrions que ces lois aussi ont été faites sous l'empire des préoccupations du moment, et que de plus chaque législateur ne s'est jamais occupé de chercher si les dispositions nouvelles qu'il introduisait étaient en concordance avec les autres parties de la législation existante.

Les réformes de 1832 et de 1863 n'ont pas touché aux principes fondamentaux du code pénal de 1810. La dernière, née des statistiques et des rapports des présidents d'assises, a été l'œuvre des bureaux de la chancellerie, car on n'a même pas consulté la magistrature. On a voulu surtout, par l'adoucissement de certaines peines excessives, par une meilleure définition de certains délits, et enfin par l'introduction de quelques dispositions reconnues nécessaires, assurer la répression et atteindre des faits jusque-là impunis. Mais il n'y a rien eu de plus, et on n'a pas remis en question un seul des principes généraux de la loi pénale.

La réforme de 1832 a eu plus d'importance En étendant à tous les délits l'application des circonstances atténuantes, elle a apporté à la fois le bénéfice d'un immense progrès et le germe d'une réforme radicale de notre système pénitentiaire, car en permettant d'appliquer à un fait qualifié crime une peine correctionnelle, elle est au fond la négation de la

théorie de la peine infamante, une des grandes abominations de notre code pénal. Néanmoins la réforme de 1832 laisse subsister tout cela, et en somme
elle n'a pas été bien loin, puisqu'elle maintenait,
par exemple, la mort civile, l'exposition, et des
peines qui, comme la réparation et l'éloignement
d'un lieu déterminé, ne sont presque jamais appliquées parce qu'elles sont ou trop rigoureuses ou
inexécutables.

Voilà par qui et comment le code pénal a été formé
puis modifié. Mais ce code ne contient pas la moitié
des incriminations actuellement en vigueur, et il y a,
sans parler des lois de presse, des centaines de dispositions pénales éparses dans l'immense arsenal de
notre législation. Nous avons rappelé plus loin que
le droit pénal français contient quelque chose comme
deux mille quatre cents incriminations.

Ici c'est le chaos, et on ne peut pas s'empêcher de
dire qu'il y a quelque chose de lamentable dans la
manière dont se font les lois répressives.

Nous avons en France la manie de la répression.
Nous sommes cependant très doux de caractère, et
il est malaisé d'assigner une cause directe à la pro-
digalité de peines qui caractérise notre législation.
Depuis quelques années surtout on s'est habitué à
considérer les pénalités comme le refrain obligé, qu'on
nous permette cette expression, de la plupart des lois

administratives. Cela tient probablement à l'extrême facilité, à la sûreté infaillible, de notre système de répression. Une peine légère dispense à elle seule de toute une série d'actes judiciaires ou administratifs : dans les questions d'argent surtout, rien n'est comparable, pour le recouvrement d'un impôt, à la menace d'une assignation en police correctionnelle. Prenons, par exemple, le timbre-poste. Aussitôt que ce mode d'affranchissement a été mis en usage, des niais se sont imaginé qu'il leur suffirait de décoller le timbre et de le recoller sur une autre lettre pour l'affranchir aux dépens du Trésor. Mais l'oblitération empêche que cette fraude puisse réussir une seule fois. Lorsqu'on en est venu à créer le timbre-dépêche, on a cru tout naturel de protéger le timbre-dépêche comme on protégeait déjà le timbre-poste, et la loi a passé sans objection. On n'avait oublié qu'une chose, c'est qu'il ne pouvait pas y avoir d'abus de timbre-dépêche, par la raison que la dépêche mise dans la boîte reste, avec le timbre qu'elle porte, entre les mains de l'administration.

Cet exemple et les observations qui le précèdent suffisent pour montrer une des causes qui tendent le plus à multiplier nos lois pénales. Une autre cause non moins funeste de cette tendance, c'est l'ignorance de la loi, et même l'inaptitude à la comprendre.

La plupart des hommes politiques sont à cet égard dans des conditions vraiment affligeantes. La discussion de la loi de 1863 a trahi dans le corps législatif une insuffisance déplorable. Malgré les efforts des commissaires du gouvernement, cette discussion n'a été qu'un long malentendu. Pour la définition de la tentative d'escroquerie, on a parlé pendant huit jours ; la question s'embrouillait de plus en plus, au point que personne n'y entendait plus rien, lorsqu'enfin le président, M. le duc de Morny, réussit à l'éclaircir avec deux mots que depuis huit jours personne n'avait su trouver.

Il y a d'ailleurs un autre élément de désarroi dans les délibérations de ce genre : c'est qu'on y mêle la politique. Chaque parti a une opinion même sur les questions qui semblent le plus spéciales et, à défaut d'opinion, on est pour ou contre le gouvernement, et on vote en conséquence.

Puis viennent, dans les assemblées parlementaires, les amendements, dont une seule ligne, un mot, suffit dans un cas donné pour désorganiser une loi, pour la neutraliser, quelquefois même pour la faire tourner contre l'intérêt qu'elle a pour but de sauvegarder.

Ce n'est pas tout. Si profondément qu'on l'ignore, il n'en est pas moins vrai qu'en dépit des contradictions qu'on y entasse, la loi pénale est une unité

et que toute disposition nouvelle, quel que soit le
point par lequel on la fait entrer dans cette unité,
ira se heurter contre ce qui lui est contraire. Or,
à part un petit nombre de cas, toutes les fois qu'on
se propose d'introduire une loi répressive nouvelle,
on agit comme s'il n'y avait au monde d'autre loi que
celle-là : on ne se préoccupe pas de la législation
existante, et on se borne à insérer à la fin cette formule commode, qui rappelle les clauses de style des
notaires : « Sont abrogées toutes les dispositions des
lois, ordonnances et réglements antérieurs qui seraient contraires à la présente loi. » Il semble au
premier abord que cette formule ne peut laisser place
à aucune antinomie, puisqu'elle met à néant tout ce
qui pourra se trouver contraire aux nouvelles dispositions : mais il n'en est rien, parce que dans chacune des lois antérieures toutes les parties se tiennent et qu'il est telle de ces parties à laquelle on ne
peut toucher sans détruire de fond en comble l'économie de la loi; et comme une loi subsiste dans celles
de ses parties qui ne sont pas abrogées, la loi antérieure se trouve à la fois maintenue et abrogée :
maintenue en ce que les débris en sont respectés;
abrogée en ce qu'elle est dépouillée d'une de ses parties constituantes. Et alors se posent de véritables
problèmes sur la question inouïe de savoir si telle
loi existe ou n'existe pas. Nous pourrions citer d'au-

tres exemples de complications analogues qui mettent
tour à tour en opposition la loi, la politique, la morale, les intérêts..

Tout cela pourrait être évité si, avant de rédiger
une loi répressive, on voulait bien prendre la peine
de passer en revue les points de législation avec
lesquels la loi nouvelle peut se trouver en contact.
Ce serait sans doute un travail assez difficile mais
qui n'a rien d'impossible, surtout si on s'organisait
de manière à avoir toujours à sa disposition les éléments de cette recherche. Ce n'est pas autrement
que les administrations procèdent, et les circulaires
de l'enregistrement, par exemple, forment un corps
de doctrine où tout se suit et concorde. Les réper-
toires de jurisprudence permettent de se fixer en
quelques heures sur les questions de droit les plus
compliquées, et quand la législation aurait son répertoire spécial tenu au courant, le travail que cette
œuvre aurait coûté serait léger au prix du bien qu'on
en retirerait.

Mais en France, surtout depuis que les deux révolutions de 1848 et de 1870 ont amené dans de
grandes assemblées des flots d'hommes politiques qui,
à raison de cette qualité même, sont étrangers à toute
étude spéciale, la manie de légiférer s'est d'autant
plus aggravée, qu'une proposition est à la fois une
bonne note auprès des électeurs et un prétexte pour

faire un discours ; et si l'idée qu'on met en avant est, ou assez significative pour intéresser un parti, ou assez banale pour plaire à cette majorité d'esprits moyens qui est dans toute assemblée nombreuse, la proposition passe, et la Babel de nos lois répressives compte une pierre de plus.

Sans doute c'est là une des conditions du régime parlementaire, mais un peu moins d'impatience et un peu plus de préparation atténueraient beaucoup ces inconvénients. On ne verrait pas, par exemple, le gouvernement proposer et l'Assemblée voter une loi comme celle qui a été portée contre l'Internationale : elle est quatre fois inutile, car il y a quatre dispositions qui s'appliquent à l'association prise en elle-même et à tous les actes par lesquels elle porte atteinte à la sécurité publique. N'importe : et non seulement on n'a pas voulu écouter les hommes spéciaux qui ont démontré cela à l'Assemblée textes en main, mais nous avons vu le chef du pouvoir exécutif lui-même, M. Thiers, dans sa déposition sur l'insurrection du 18 mars, revendiquer comme un mérite l'initiative de ce qui n'est qu'une erreur de droit.

CHAPITRE VI

STATISTIQUE ET BUDGET DE LA RÉPRESSION

Si l'on jette un coup d'œil sur les statistiques criminelles et pénitentiaires, quelques chiffres suffisent pour donner une idée de ce que c'est que la justice répressive, et pour faire voir qu'à côté de chacun de ces chiffres il y a une question à étudier et à résoudre.

En France, sur une population de 37 millions d'habitants, 222,325 individus ont été poursuivis en 1885.

130,000 ont été condamnés, dont 30 à mort et 129,990 à l'emprisonnement; 17,000 ont été acquittés.

C'est une proportion de 1 condamné sur 55,1 habitants. En Angleterre, sur une population de 31 millions d'âmes, la proportion est de 1 sur 47,9.

Une population permanente de 50,000 détenus,

sans compter les militaires et les marins, vit séquestrée de l'existence commune dans les maisons d'arrêt, de justice et de correction.

724,000 individus entrent annuellement dans ces établissements ou en sortent.

Il résulte de ce mouvement un total annuel de 15 millions de journées de détention. En prenant pour moyenne de la vie humaine le chiffre de cinquante ans, qui serait fort exagéré, la détention supprime annuellement une quantité de vie libre dont la somme représente 800 existences d'hommes. Il y faudrait ajouter encore, outre 30,000 journées employées au transfèrement des inculpés ou condamnés, tout le temps perdu en voyages, démarches, comparutions devant la justice, et même pour se dérober aux poursuites.

Tout ce temps perdu représente une somme de travail perdu par les inculpés, par les condamnés et par les agents qui les arrêtent et les gardent. Il faudrait faire le même compte à l'égard des témoins et autres coopérateurs de la justice, pour qui la taxe est loin de représenter la valeur de chaque journée perdue.

Il faut observer que longtemps avant et après la poursuite, et très longtemps, parfois toujours, après l'exécution de la peine, le condamné cesse de travailler.

Il y a ensuite les familles. Sur 50,000 détenus, 20,000 ont femme et enfants : voilà 20,000 familles, soit 60,000 individus, qui, pour la plupart, tombent à la charge de la commune ou de personnes charitables pendant toute la durée de la détention du père.

En évaluant tout cela à 15 millions, nous pensons qu'on resterait au-dessous de la vérité.

Les frais de transfèrement et de détention dans les maisons d'arrêt, de justice et de correction, sans compter les colonies pénitentiaires et les prisons militaires, s'élèvent à environ 30 millions.

En portant leur traitement à 100 francs en moyenne, 172,393 agents de police judiciaire coûtent plus de 17 millions.

Enfin il faut mettre à la charge du budget du droit de punir une large part, au moins la moitié, des 38 millions du budget du ministre de la justice, soit 19 millions, où seraient compris les frais de justice criminelle.

Ainsi nous arrivons, et par des évaluations grossièrement insuffisantes, à faire comme suit le compte de ce que la répression coûte à la France :

Travail perdu et misère.........	30,000,000
Frais de transfèrement et de détention.	30,000,000
Traitement des agents de la police judiciaire....................	17,000,000
Frais de justice et personnel judiciaire	19,000,000
Total.............	96,000,000

Tous les crimes ne sont pas susceptibles d'être évalués en argent. Tout au plus pourrait-on trouver, dans le chiffre des dommages-intérêts attribués aux parties civiles, les éléments d'une appréciation d'ailleurs très complexe, et encore à condition qu'on pût dresser une statistique de ces décisions embrassant plusieurs années. Il n'existe aucun document de ce genre sauf pour les vols, et on peut voir dans le tableau LIX du compte rendu de l'administration de la justice criminelle pour 1867 que la valeur approximative des objets volés, dans les affaires où il y a eu poursuite, a été pour cette année-là de 3,610,381 fr.

Pour compléter à d'autres points de vue cet aperçu général, rappelons que 172,393 agents sont employés à la police judiciaire, ce qui, sans compter la magistrature, forme une proportion d'un agent par deux prévenus.

Le degré d'instruction est aussi un élément digne d'examen : sur 50,000 détenus, 1,500 ont reçu une éducation supérieure ; 21,600 savent lire ; 5,000 lire et écrire ; 21,900 sont complètement illettrés.

Le régime intérieur des prisons doit donner lieu à des études spéciales. 80,000 punitions disciplinaires y sont annuellement infligées, et constituent tout un ordre de répression dont il faut tenir compte, puisque des maladies spéciales à l'état de détention, un processus particulier pour les maladies antérieures, des cas d'aliénation mentale enfin, sont l'effet de ce régime.

Au point de vue de la moralité, de l'hygiène, de la propagation de l'espèce, même, l'emprisonnement continu de 50,000 individus pendant l'année, le séjour plus ou moins prolongé, dans les prisons, de 734,000 personnes qui y entrent ou qui en sortent dans le même espace de temps ; la réunion des détenus dans un nombre d'établissements nécessairement limité : la corruption qui naît de cette inévitable concentration du mal en autant de foyers qu'il y a de salles communes ; le silence ; la continence forcée ; la suspension des rapports de famille ; les angoisses d'affection, comme, par exemple, lorsqu'une mère sait son enfant à l'agonie et se dit qu'on ne lui donnera pas même une heure pour aller l'embrasser ; enfin, et c'est ce qui saisit le plus lorsqu'on observe les détenus, cette *diathèse machinale* qu'on retrouve identiquement chez les fous, et qui manifeste d'une manière si claire le trouble apporté dans les facultés de l'âme par la suspension des fonctions de relation, tout cela constitue autant de faits qui sont sans doute une conséquence forcée de l'emprisonnement tel qu'on le pratique, mais qui, loin d'être circonscrits dans l'enceinte des établissements pénitentiaires, débordent sur la société et s'y répercutent en effets de toute sorte.

Déjà on a commencé de s'aviser qu'il y a quelque chose à trouver pour conjurer les effets de cette corruption inhérente au casernement des malfaiteurs, et qu'on pourrait appeler le « typhus pénitentiaire » : on a établi dans un certain nombre de prisons des « quartiers de préservation », dont le nom même fait voir à quel danger on cherche un remède. Mais en se bornant à discuter les procédés d'exécution des peines sans étudier les rapports et les conséquences dont nous venons de donner quelques exemples, on néglige des données qui suivant nous sont bien autrement importantes que celles auxquelles on se restreint.

Devant les faits considérables que nous rappelons, et d'une manière bien incomplète encore, est-ce qu'il n'est pas permis de se demander si ces 800 existences supprimées, ces 372,000 détenus, ces 50,000 prisonniers, la misère de ces 20,000 familles, c'est-à-dire de ces 60,000 femmes et enfants, cette somme de travail perdu, cette perte de procréation, cette dégénérescence du reproducteur consécutive à l'emprisonnement, les 96 millions que cela coûte, tant d'argent, tant de maux, sont absolument nécessaires et inévitables, et si tout cela ne pourrait pas être, sinon supprimé, au moins diminué ou un peu mieux aménagé?

Ainsi rien que pour l'argent, lorsqu'on songe à ce qu'on pourrait faire en instruction et autres dépenses moralisantes avec 96 millions par an, presque deux millions par semaine, on serait tenté de se demander si la société n'aurait pas bénéfice à supprimer purement et simplement la justice criminelle et les prisons, et à donner, tous les ans, pour deux mille francs de terre, de capitaux, d'instruments de travail, d'instruction, à 20,000 familles pauvres...

Supprimer la justice criminelle serait une absurdité qu'évidemment on ne peut pas discuter. Nous ne pouvons pas savoir ce qu'il adviendra du droit de punir dans quelques milliers de siècles : mais aussi loin que nous puissions porter nos prévisions, nous ne concevrons jamais un état social où le crime n'existe pas, ni où il puisse rester impuni.

Mais reprenons les quantités de vie, de travail, de moralité et d'argent, que la répression coûte annuellement à un État comme la France ou l'Angleterre, et partageons par moitié, par exemple : qui pourra affirmer que cette moitié ne suffirait pas à assurer la répression du mal dans la limite de ce qui est nécessaire? On peut contester sur la proportion, on peut même prétendre que ce qu'on dépense ne suffit pas et qu'au contraire il faudrait faire davantage, mais il n'est au pouvoir de personne de donner une preuve à l'appui de son opinion, et on se retrouve en présence de ce fait colossal que, pour réprimer les méfaits de 222,325 hommes, on emploie 172,393 agents de police judiciaire, on supprime 15 millions de journées de travail libre, on détient 50,000 hommes, on met 20,000 familles dans la misère; que, sur 100 hommes qu'on corrige on en démoralise 34; que, pour acheter toutes ces calamités, la société paye 96 millions, et que cela recommence tous les ans.

Si l'expérience donnait quelque lumière sur la question, on pourrait y prendre un point d'appui : mais une expérience qu'on n'a pas étudiée n'a pas plus de valeur qu'une statistique brute.

Il y a même plus, c'est que, jusqu'à présent du moins, l'histoire paraît avoir constaté qu'en général la rigueur et la fréquence des châtiments produisent toujours une recrudescence dans la criminalité; que l'insuffisance de la répression produit le même effet, d'où la conséquence qu'il y a une moyenne à re-chercher.

De son côté, la statistique comparée de la justice criminelle dans les divers États de l'Europe cons-tate que les pays où le régime disciplinaire est le plus rigoureux sont ceux où les récidives sont le plus fréquentes.

On peut donc affirmer que si l'on instituait des re-cherches expérimentales, d'abord sur ce que nous appellerons la proportion économique de la répres-sion dans chaque État, puis sur la comparaison de ces résultats pour toute l'Europe, on dégagerait de cette expérience des données qui existent, qui ont toujours existé, mais qui n'ont jamais vu le jour, et dont l'ap-parition devrait nécessairement avoir une influence considérable sur la législation criminelle. Cela est certain.

CHAPITRE VII

INCRIMINATIONS DU DROIT PÉNAL FRANÇAIS

Si de la pénalité on passe à l'incrimination, on se trouve en présence de faits encore plus exorbitants et dont l'énormité confond la raison et montre que là non plus on n'a jamais étudié même les prolégomènes d'une science qui reste tout entière à créer.

La loi pénale française ne contient pas moins de 2,400 incriminations, peut-être davantage; c'est un chiffre assez difficile à préciser que celui des incriminations, mais en gros, c'est cela.

Un pareil chiffre est fait pour donner à réfléchir, et on ne peut s'empêcher de se demander avec quelque inquiétude s'il est admissible, à priori, que dans deux mille quatre cents cas la loi pénale doive intervenir nécessairement. Nécessairement signifie que dans tous ces cas la loi pénale sera le seul remède possible au mal, car telle est la condition faute de laquelle il n'y a pas d'incrimination légitime.

Or, si nous parcourons par la pensée la nomenclature de certains faits que tout le monde sait être punissables, comme le meurtre, le vol, l'incendie, nous concevons très nettement la légitimité indubitable de ces incriminations, mais si nous venons aux délits contre les mœurs, tout le monde ne voit déjà plus de même et des contestations s'élèvent entre les jurisconsultes, entre les législateurs, car la loi change : nous avons vu, en 1863, modifier plus de cent articles du code pénal. Que si on arrive aux lois de presse et aux lois politiques, c'est bien autre chose : tout est contesté, attaqué, détruit, lorsqu'une révolution vient changer la face des affaires publiques.

C'est alors seulement qu'on s'avise de mettre en question le principe du droit de punir. On le fait, parce que la politique a seule le privilège de passionner les esprits ; mais si on voulait profiter de l'occasion pour réfléchir et se rendre compte, on ne se contenterait pas de se passionner pour les intérêts des journaux : on prendrait le code pénal, ou plutôt le Bulletin des lois, on le lirait d'un bout à l'autre, et lorsqu'on aurait fini on verrait que, sans parler ni des antinomies, qui sont assez nombreuses, ni des pléonasmes qui, tantôt prononcent deux peines pour le même fait, et tantôt font deux délits d'un seul, il y a un très grand nombre d'incriminations discutables à divers points de vue, et qui intéressent, non plus une classe restreinte de justiciables, mais tout le monde.

Nous avons montré tout à l'heure comment la répression, prise en elle-même, rejaillit indirectement sur la société. Ici l'effet est direct, et c'est sur la conscience, sur la liberté, sur l'honneur, sur la richesse, sur la vie de tous, que la loi pénale exerce son empire. Il n'est pas une des actions de l'homme qu'elle ne régisse directement ou indirectement. L'inexécution d'un règlement de police peut faire qu'en sortant de chez moi je reçoive sur la tête un pot de fleurs qui me tuera ; dans un autre sens, demain il peut m'arriver de porter un coup malheureux à quelqu'un : l'homme meurt, et me voilà passible du bagne.

Pour qui vit en dehors de ce cours d'idées, le régime du code pénal semble un monde à part ; mais de même que le médecin connaît les perfidies et les surprises de la mort, le criminaliste voit le droit de punir suspendu sur toutes les têtes, et il sait que la peine peut tomber comme la foudre sur ceux qui s'y attendent le moins.

On ne se doute pas du nombre d'accusations nouvelles que chaque soleil qui se lève voit naître en

France seulement. Chaque matin, lorsqu'il décachette son courrier, un chef de parquet, en prenant ses résolutions sur les plaintes qui lui arrivent, décide du sort de plusieurs personnes, et à quelque heure du jour ou de la nuit qu'on y pense, on peut être sûr qu'il y a, galopant sur une grande route, un messager de malheur qui va porter à la justice la nouvelle de quelque méfait.

Ce serait un travail bien beau et bien utile que d'extraire de chacune des incriminations du droit pénal français son principe, de rassembler tous ces éléments, de rapprocher tous ces rouages, et de voir jusqu'à quel point ils pourraient s'articuler avec les organes naturels de la société. Nous ne pouvons ici l'entreprendre. Nous espérons y avoir apporté une contribution utile par nos précédents travaux. Mais nous pouvons ici, par un choix d'exemples pris parmi les plus considérables, donner la mesure de ce que la loi pénale a d'influence sur la vie sociale et sur la conscience de l'homme.

Nous laisserons de côté ce qui touche directement à la personne et aux droits individuels de propriété : nous nous attacherons surtout aux principes généraux.

Pour commencer par la propriété, la loi tranche par des incriminations la question de savoir à qui appartient le gibier pris à la chasse, le poisson pris à la pêche, la mine qu'on a découverte. En droit naturel tout cela appartiendrait au chasseur, au pêcheur, à l'inventeur. La loi tranche de même les questions de propriété littéraire, de propriété industrielle.

Elle intervient dans le travail. Elle l'impose par les lois sur le vagabondage et la mendicité, se mettant ainsi en travers entre la liberté et l'oisiveté, entre le besoin et l'aumône. Elle mesure les heures du travail, et l'interdit ou l'impose tour à tour ; elle réglemente l'exercice de certaines industries ; par la loi sur l'usure, par exemple, elle va jusqu'à imposer une limite à la production du capital. Dans le commerce, elle intervient avec la même énergie, tantôt pour interdire, tantôt pour garantir, tantôt pour protéger. De même pour l'agriculture où, apportant à la loi civile le renfort de ses pénalités, elle réprime toutes les atteintes, veille à tout, gardant les champs, les maisons, les récoltes, les bestiaux, et pénétrant sous le sol pour y protéger jusqu'aux canaux d'irrigation et aux tuyaux de drainage.

Mais la loi pénale ne s'arrête pas aux personnes et aux biens : elle régit la pensée elle-même dans toutes ses manifestations et sous toutes ses formes. Personne ne peut ni parler ni écrire sans avoir à compter avec quelque loi répressive ou préventive. Le cri, l'affiche, le chant, le théâtre, le journal, le livre, la médaille, l'emblème, le drapeau, la cocarde, une fleur à la boutonnière, sont pour elle autant de justiciables qu'elle peut atteindre à un moment donné.

Par les lois d'ordre public, par les lois politiques, elle atteint, pour les modifier de la manière la plus grave, des droits élémentaires comme celui d'aller et de venir, celui d'association ou de réunion ; et tout à coup elle s'élève, dans ses dispositions sur les complots, l'insurrection et les attentats, à des hauteurs si effrayantes, que la conscience a peine à distinguer où commence le droit et où finit le crime.

Elle va plus loin encore, et pénétrant au fond de l'âme pour y prendre corps à corps ce que la liberté semble avoir de plus absolu, elle la force de se soumettre à une morale publique, à respecter l'erreur sous certaines formes, à se taire devant certains scandales, et par ses dispositions sur l'outrage, sur la diffamation, sur l'apologie d'un fait punissable, fait échec aux droits de l'histoire et de la conscience.

Nous pourrions citer encore bien d'autres exemples : nous en avons assez pour faire voir comment l'incrimination n'est pas moins nécessaire à étudier que le système pénitentiaire, et comment elle présente à résoudre des problèmes non moins ardus.

CHAPITRE VIII

DE LA RÉFORME DES LOIS PÉNALES

Nous avons déterminé la nature du droit de punir, son origine, ses développements ; nous avons vu comment le droit criminel s'est formé pour arriver enfin à l'état où nous le voyons aujourd'hui. Nous croyons avoir démontré la nécessité de reprendre toute cette législation pour la refaire de fond en comble. Voyons par quelle voie une telle réforme peut être introduite et qui en pourra prendre l'initiative.

L'article 86 de la loi du 27 ventôse an VIII, sur l'organisation judiciaire, dispose : « Le tribunal de cassation enverra chaque année au gouvernement une députation pour lui indiquer les points sur lesquels l'expérience lui a fait connaître les vices ou l'insuffisance de la législation. »

Si cette prescription avait été exécutée, les lois de la France seraient arrivées, au moment où nous vivons, à un grand point de perfectionnement, car la cour suprême, aussi bien par ses attributions que par la haute valeur des magistrats dont elle se compose, était sans contredit le corps le plus compétent pour éclairer le gouvernement sur les réformes indiquées par l'expérience. Mais c'était là une véritable attribution politique, et elle ne pouvait cadrer avec le système de centralisation et de séparation des pouvoirs qui domine nos institutions depuis 1789.

En fait, la loi, chez nous, ne sort jamais que du proprio motu du pouvoir exécutif, ou de l'initiative parlementaire. Le plus souvent c'est l'administration centrale qui, sur des instructions qu'elle se fait donner par le ministre, appelle l'attention de ce même ministre sur la nécessité d'une loi nouvelle. Dans ce cas un projet de loi est rédigé, soumis à l'examen du conseil d'État, et présenté aux chambres qui en délibèrent et votent. Quand c'est un député qui propose, l'examen préparatoire est fait, selon le régime existant, soit par la chambre elle-même, soit par le conseil d'État d'abord. Enfin certaines lois ont été rendues directement par le chef de l'État : ce sont alors les bureaux ou des commissions qui rédigent la loi, et elle est promulguée immédiatement. C'est ainsi qu'a été fait, par exemple, le décret du 17 février 1852, qui a régi la presse jusqu'en 1868.

En dehors de l'initiative politique, donc, il n'est personne qui ait qualité pour réclamer la modification ou l'abrogation d'une loi répressive.

Nous ne parlerons pas du droit de pétition, qui a toujours été exercé en France d'une manière insignifiante ou ridicule. Il n'y a qu'une ressource contre le maintien indéfini des lois répressives, c'est la résistance du jury à les appliquer, mais ce résultat est acheté par le scandale d'acquittements iniques qui font plus de mal même qu'une mauvaise loi.

Sans doute on peut dire qu'il en est de même pour toutes les autres espèces de lois : mais il y a ici quelque chose de tout à fait particulier à la loi pénale, c'est que personne ne songe à en discuter les principes généraux et que, sauf pour les lois politiques, les justiciables ne sont pas reçus à s'en plaindre. Personne n'élèvera jamais la voix pour défendre des hommes que tout le monde s'accorde à condamner et à mépriser, comme les voleurs, les escrocs, les meurtriers, les incendiaires ; et eux-mêmes ne se sont jamais avisés de se poser en intéressés ayant voix au chapitre dans la discussion des lois qu'on leur fait subir.

Et pourtant, quoique cela semble inadmissible, quoi-

que l'idée seule en paraisse odieuse, ce serait juste.
On ne trouve pas révoltant d'entendre les hommes
les plus honorables s'élever contre la peine de mort,
quoique ce soit en réalité prendre la défense des
assassins contre la loi ; mais il en est de ces questions comme de beaucoup d'autres où la discussion
paraît toute naturelle si on se tient aux points habituellement controversés, et où elle soulève la réprobation publique dès qu'elle arrive à toucher des
points jusque-là considérés comme indiscutables.

Il faut pourtant qu'on renonce à cette prétention
ou à cette habitude de limiter arbitrairement à tel
fait l'application d'un principe et de la refuser à
tel autre. Il est vrai que pour cela il faudrait commencer par étudier les faits en eux-mêmes, les étudier tous, et n'en construire la synthèse que quand
on en aurait achevé l'analyse. Mais, outre que ce
serait là un travail très long et très difficile, l'indif-
férence du public pour les questions sérieuses pousse
les publicistes à traiter presque forcément de la
partie banale de la science, et le niveau des spécu-
lations s'abaisse de plus en plus.

Tout ce qui est sérieux est difficile, et en droit
criminel pas plus qu'en toute autre science on
n'enseigne rien et n'apprend rien si on ne veut
pas travailler. Les sciences psychologiques ont ce
malheur que chacun croit qu'il suffit d'être intel-

ligent pour les comprendre, disons même, pour les savoir de science infuse. Il suit de là que quiconque les traite par les lieux communs est sûr de se faire écouter, mais quiconque veut mettre en fuite le public et s'y faire beaucoup d'ennemis n'a qu'à les lui présenter sous l'aspect sévère d'une recherche scientifique.

En attendant que l'opinion publique se soit formée sur la question du droit de punir, il faut que les hommes d'étude se résignent à travailler dans l'ombre, et sans grand espoir de ces succès de renommée qui leur seraient sans doute un grand encouragement dans leurs travaux, mais qui ne valent pas en définitive la satisfaction du devoir accompli.

L'exemple de l'anthropologie, qui s'est constituée tout à coup par une sorte d'attraction entre une foule de recherches jusque-là isolées, est fait pour nous donner la confiance qu'un jour viendra où la science qui recherche les lois du bien et du mal, les limites des droits et des devoirs sociaux, la mesure des peines, leur équation avec les infractions punissables, le degré de responsabilité de l'homme, les relations du libre arbitre avec les lois générales de l'univers, que cette science, disons-nous, prendra une place parmi les sciences sociales.

Déjà, sur tous les points du champ immense qu'elle embrasse, des travaux de la plus haute va-

leur ont été publiés. Mais à part un petit nombre de
questions qui touchaient aux préoccupations du
moment, la plupart de ces travaux restent enfouis
dans les bibliothèques spéciales ou dans les archives des corps savants. La philosophie du droit
pénal n'est guère cultivée, surtout en France, et ce
qu'on en fait pour le public s'étend peu au delà des
questions « populaires », s'il nous est permis de
parler ainsi. Au fond, les ouvrages qui en traitent
et l'enseignement qui y est consacré tournent constamment à la politique. On ne peut pas trop s'en
étonner : chacun sait que sans actualités et sans
allusions un professeur ou un écrivain est à peu près
sûr de s'agiter dans le vide : or, quand on a passé sa
vie à se dévouer à une science, il faut un grand
courage pour se résigner à prêcher dans le désert,
et alors on est amené à composer avec le public :

> ....Veluti pueris absinthia tetra medentes
> Quum dare conantur, prius ora pocula circum
> Contingunt mellis dulci flavoque liquore.
>
> (LUCRÈCE, *De natura rerum*, L. I, v. 635.)

Le jour où ces expédients ne seront plus en quelque sorte une nécessité, on n'y aura plus recours.
Mais pour que cet heureux résultat soit obtenu, il
faut qu'il se crée un lien scientifique, un centre
d'action où réunir et coordonner tous les travaux
isolés. Il faut déterminer les éléments et la confi-

guration de la nouvelle science, en tracer le plan, en rassembler les matériaux, les analyser, les classer, en dégager les branches, enfin appliquer là le grand principe de la division du travail.

Pour qu'une telle étude, en effet, puisse être complète et féconde, il faut commencer par faire table rase, et reprendre ensuite un à un tous les faits sans faire grâce d'un seul, quels que soient les principes vrais ou faux qui leur ont donné l'existence ; reprendre les principes à leur tour et les soumettre à la même critique en recherchant, non pas d'où ils viennent, mais où ils vont, et s'ils sont ou non l'expression d'un rapport réel entre la nature de l'homme et les faits de la vie.

En un mot, pour nous mettre en état de pouvoir un jour tenir compté de tout, il faut commencer par ne tenir compte de rien, c'est-à-dire tout constater, tout examiner comme si nous le voyions pour la première fois. C'est à ce prix qu'on pourra espérer, je ne dis pas de résoudre le problème, mais de le poser et d'en rendre la solution praticable un jour : tandis que si on continue à éparpiller ainsi le travail, on n'obtiendra jamais ni une réforme ni même un progrès sérieux.

L'étude théorique du droit de punir est trop délaissée : là aussi « les bras manquent ». Si quelques-uns de nos philosophes voulaient y consacrer un

peu de la force intellectuelle dont ils disposent, ils
trouveraient dans ces études, pour les récompenser
des immenses services qu'ils auraient rendus à l'humanité, l'attrait sévère et les nobles jouissances que
la justice et la vérité réservent à l'âme qui les découvre.

Et ce qui est bien fait pour ajouter au charme de
cette étude, c'est que le cœur, qui n'y prend pas
moins de part que l'intelligence, y trouve à chaque
pas une satisfaction nouvelle. A mesure qu'on s'élève
au-dessus de cette lice étroite où se débattent les
misères humaines, l'orgueil du justicier se trouble,
les rigueurs de la conscience s'amollissent ; on se
sent pris d'une sorte d'attendrissement pour ces
vaincus qui tombent déshonorés dans la bataille de
la vie ; on voit de quel poids terrible pèsent la misère, l'ignorance, l'exemple, le hasard lui-même,
dans la destinée qui leur est faite ; et ainsi plus on
avance, plus on devient certain que le progrès du
droit criminel est dans la direction où nous appelle
le sentiment de la faiblesse du coupable et de l'in-
firmité misérable du juge. A mesure qu'on se sent
devenir meilleur, on peut être sûr qu'on en sait
davantage, et c'est un travail bien doux, au milieu
des amertumes de la vie et des découragements de
l'intelligence, que celui qui permet de croire à quelque chose et qui donne quelque chose à espérer.

CHAPITRE IX

PLAN D'ÉTUDES

Nous avons essayé, dans tout ce que nous venons de dire, de déterminer autant que possible le véritable état de la question. Mais nous l'avons présentée à notre point de vue, telle qu'elle paraît à nos yeux, et il est bien certain qu'un observateur isolé ne peut avoir la prétention de ne pas s'être trompé, même sur le peu qu'il a pu considérer.

Il y aurait donc d'abord à rechercher dans le passé ce qu'a été le droit de punir, comment les hommes l'ont entendu et pratiqué, et quel est le vrai sens des faits dont se compose son histoire.

Ainsi se formerait la première partie de la science sous le nom d'*histoire du droit de punir*.

Alors commencerait le corps proprement dit des études.

Toutes les questions du droit pénal peuvent se ramener aux trois suivantes :

I. Qu'est-ce qu'un fait punissable ?

II. Qu'est ce qu'une peine ?

III. Quelle est la mesure de l'équation entre le fait punissable et la peine ?

Si ces trois questions étaient résolues, le problème du droit de punir serait résolu.

Mais, comme pour tous les problèmes sociaux, il n'y a pas là de solution définitive à chercher. La grande erreur est précisément de vouloir à toute force découvrir ce qui n'existe pas, c'est-à-dire un système absolu. La réponse aux trois questions que nous avons posées se composera donc toujours de deux éléments, l'un fixe, qui doit être tiré des lois immuables de la nature humaine, et l'autre variable, qui résulte de la diversité des temps et des circonstances.

De là, pour l'étude de ces trois questions, deux ordres de recherches très distincts. D'une part, il faut constater, inventorier, analyser, classer, tout ce qui constitue des faits bruts : d'autre part, il faut abstraire de ces faits bruts toutes les circonstances contingentes, tous les caractères adjectifs, qui en peuvent diversifier l'apparence.

Voici comment il nous semblerait possible d'arriver au résultat cherché :

D'abord une grande coupe partagerait la science en deux parts : étude des faits ; étude des théories.

Dans la première coupe se placeraient :

1° La nomenclature de toutes les incriminations actuellement en vigueur dans le droit positif de la France et des autres peuples civilisés ;

2° L'étude et le résumé général des exposés de motifs et des discussions qui ont précédé les lois répressives ;

3° Le relevé des points de législation sur lesquels la doctrine et la jurisprudence demeurent irrésolues ;

4° La bibliographie des travaux consacrés au commentaire de la loi pénale telle qu'elle est en vigueur ;

5° L'analyse philosophique et juridique de chacune de ces incriminations, de manière à ce que le sens et la portée en soient exactement déterminés ;

6° L'étude des faits immoraux laissés en dehors de l'action des lois répressives, tant en France qu'à l'étranger ;

7° Un système d'observation, d'après un programme à formuler, de la répression prise sur le fait, c'est-à-dire dans l'instruction et aux débats ;

8° L'étude des procédés et des théories en usage dans l'administration supérieure de la justice criminelle ;

9° Un système d'observations personnelles sur l'état physique et moral des détenus ;

10° La statistique économique de la répression, c'est-à-dire la supputation des forces et des moyens de toute espèce employés à la répression, et des résultats obtenus ou subis par la société par suite de l'exercice du droit de punir ;

11° La statistique criminelle, dont les chiffres feront voir les effets combinés de la répression et des circonstances extérieures sur la criminalité générale ou individuelle ;

12° La nomenclature et la définition des peines en vigueur chez les peuples civilisés, dans le passé et à l'époque actuelle ;

13° Étude comparée de la théorie légale de la preuve ;

14° Exposé des lois de la procédure criminelle en France et à l'étranger.

Telle serait l'esquisse du plan qu'on pourrait suivre pour la recherche et la constatation des faits. On arriverait ainsi à dresser un inventaire aussi complet que possible des matériaux.

Alors pourrait commencer une nouvelle série de travaux à l'effet de dégager, sous forme de théories ou d'hypothèses provisoires, les inconnues que toute science a pour objet de découvrir. Ce serait la seconde grande coupe. On reprendrait successivement tous les faits pour les classer, les rapprocher, en déterminer les rapports mutuels, et on les ferait passer les uns après les autres sous l'objectif de ces trois questions : Qu'est-ce qu'un fait punissable ? Qu'est-ce qu'une peine ? Quel est le rapport entre le fait punissable et la peine ? Et ainsi, comme dans une enquête où chaque témoin vient déposer à son tour, tantôt sur un seul fait, tantôt sur plusieurs, les réponses se rendraient d'elles-mêmes chacune à la question qui l'appelle.

Ce nouvel ordre de travaux comporterait, en conséquence, les opérations d'ensemble dont on pourrait établir l'ordre comme suit :

1º Examen des incriminations ; détermination des actes punissables ;

2º Critique des diverses espèces de peines en vigueur chez les peuples modernes ;

3º Résumé et jugement des théories diverses qui ont été proposées sur le droit de punir ;

4º Détermination de la nature et de l'échelle des peines ;

5º Recherche d'une mesure commune entre le délit et la peine, à l'effet d'établir une règle d'équation entre ces deux termes ;

6º Théorie des preuves légales et de l'instruction criminelle ;

7º Synthèse, ou classification naturelle des incriminations avec la peine en regard.

Il faut convenir que l'esprit se trouble et s'effraie

devant une pareille tâche, et il n'y a pas d'homme qui puisse de bonne foi se flatter d'en venir à bout par ses seules forces. Mais on doit se rassurer en considérant qu'en définitive il n'y a rien dans le droit criminel qui n'ait été fait de toutes pièces par la main des hommes, et que ce qui a été fait par les uns peut être refait par les autres. L'erreur de ceux qui nous ont précédés a été d'ignorer qu'en dehors et au-dessus de la conscience et du libre-arbitre, il y a la nature et les lois de l'univers ; mais leur ignorance ne les a pourtant pas empêchés de résoudre à leur manière toutes ces questions qui nous semblent si effrayantes.

Avertis d'une des grandes causes de leurs erreurs, nous sommes par cela seul dans de bien meilleures conditions pour travailler, et si, sans impatience et sans vanité, nous savons prendre notre parti de ne pas vouloir refaire en un jour l'œuvre de plusieurs siècles, nous aurons certainement fondé quelque chose de stable et de fécond.

Mais pour que cette œuvre soit menée à bonne fin, pour que les immenses travaux qu'elle exige soient exécutés, il faut que ceux qui s'y consacreront s'éclairent de toutes les lumières, s'aident de toutes les ressources que peuvent offrir les sciences morales et politiques.

Ils ne sauraient oublier que le problème du droit

de punir n'est autre chose au fond que celui du bien et du mal, du libre-arbitre et de la fatalité, et que pour le résoudre il faut déterminer les conditions de la responsabilité, les limites entre le mal punissable et le péché ; tenir compte de la nature de l'homme, de ses mœurs, de son éducation, du milieu social, enfin, de l'époque où il vit et des antécédents historiques et héréditaires dont il est chargé.

Et ce n'est pas assez encore. Il faut s'élever au delà de cette sphère étroite où s'agitent les sociétés humaines : alors ces faits, dont nous ne pouvons de près voir que les rapports contingents, se groupent à nos yeux en grandes masses dont des lois supérieures paraissent gouverner le cours : la nature entre en scène, et on entrevoit la vraie lumière de la science.

Il n'y a pas deux méthodes pour découvrir la vérité: ce qui est vrai d'une science l'est de toutes, et ce que nous proposons n'est en définitive que l'application, au droit de punir, des principes de Descartes et de Bacon. Toutes les sciences sont des sciences naturelles, et il faut que celles qui ne le sont pas le deviennent, sous peine de disparaître du domaine scientifique pour aller prendre, à côté de l'astrologie, de l'alchimie, du magnétisme, du spiritisme, la seule place qu'elles pourraient décemment occuper.

Lorsqu'on met en comparaison l'état actuel des

sciences morales et politiques avec celui des sciences naturelles, non seulement les dernières paraissent de plusieurs siècles en avance sur les autres, mais on est amené à reconnaître que les seuls progrès que ces dernières aient pu accomplir depuis quelques années sont entièrement dus aux sciences naturelles, aux faits qu'elles ont constatés, aux principes qu'elles ont établis. A chacun des pas faits en avant par les sciences morales, on peut affirmer qu'il a fallu préalablement arracher une de ces vieilles idées qui, comme les mauvaises herbes, pullulent dans les champs mal cultivés mais disparaissent sous une bonne culture.

Et comment en pourrait-il être autrement, quand on considère que du côté de la science positive il y a le doute philosophique et des faits, et que du côté de la science dogmatique il n'y a que des allégations? Les résistances ne peuvent manquer d'être désespérées et les adversaires nombreux de la part d'une école qui ne demande à ses adeptes que de lire ou même simplement d'écouter, et de croire. Aussi n'est-ce pas chose facile de déloger les vieilles idées des positions qu'elles ont prises. Mais c'est beaucoup de voir où elles sont, afin de tirer dessus et de les tuer s'il est possible.

Les deux plus grands ennemis de l'humanité sont l'ignorance et le manque de cœur : on peut dire de plus que ces deux maux s'engendrent et se fortifient mutuellement. Il y a dans l'*Imitation de Jésus-Christ* un mot qui exprime d'une manière bien profonde et bien touchante cette vérité de premier ordre, cette vérité qui est peut-être la souveraine de toutes les autres, c'est que le cœur est le plus parfait et le plus puissant de tous nos instruments de connaissance :

« Aucune chose ne vous serait cachée si vous aviez le cœur bon. »

Vauvenargues a repris la même idée lorsqu'il a dit que « les grandes pensées viennent du cœur ». Qu'on prenne au hasard, dans le martyrologe de l'humanité, tel crime ou telle calamité que l'on voudra, et on reconnaîtra qu'aucun de ces malheurs n'aurait pu jamais avoir sa raison d'être si les hommes avaient su ce qu'ils faisaient ou si même, trop ignorants pour le savoir, ils avaient pu écouter les inspirations de ce cœur qui ne se lasse pas de palpiter pour tout ce qui est bien et de se révolter contre tout ce qui est mal.

CHAPITRE X

LES TROIS QUESTIONS FONDAMENTALES
DU DROIT DE PUNIR

Ma première pensée avait été d'arrêter ici ce travail, et je l'ai laissé plusieurs années en cet état, ne croyant pas qu'il m'appartînt de donner mes conclusions personnelles. J'avais cru devoir me borner à déterminer l'état de la question et, cela fait, à formuler en autant de desiderata les études et les expériences qui me paraissent indispensables pour la résoudre un jour.

Cependant plusieurs personnes auxquelles j'ai communiqué mon travail, et dont le jugement est de toute autorité sur moi, m'ont exprimé le regret de ce que je n'eusse pas complété cette étude par un exposé des idées pratiques qu'on pourrait selon moi proposer pour la solution du problème pénal.

De fait, on le croira sans peine, il y a longtemps que j'ai des opinions arrêtées en cette matière : un homme ne peut pas passer trente ans de sa vie à exercer le droit de punir ou à en écrire le commentaire et l'histoire sans que, du grand nombre d'observations et de réflexions qu'il a eu occasion de faire, il se soit dégagé à ses yeux certaines conclusions, plus ou moins légitimes sans doute, mais très nettes et très positives. Je dirai plus : la recherche de ces conclusions a même toujours été pour moi l'intérêt dominant; au cours de mes travaux, dans les affaires criminelles où j'ai fait appliquer la loi, je n'ai jamais manqué de noter ce qui me paraissait propre à aider un jour mon jugement. Le recueil des notes que j'ai prises ainsi chaque jour contient un nombre considérable d'observations faites sur la nature même et écrites au moment où elles se présentaient : je n'ai donc qu'à puiser et à choisir; et s'il ne m'appartient pas d'en apprécier la valeur, je puis du moins en garantir les conditions et la source.

Assuré dès lors de pouvoir appuyer mes déductions sur la méthode que je recommande dans la première partie de ce travail. c'est-à-dire sur l'expérience et l'observation, je me suis décidé à faire ce qu'on a bien voulu me conseiller.

En y réfléchissant davantage, des raisons nouvelles sont venues confirmer celles qu'on m'avait données;

j'ai considéré que toute science en voie de formation
doit avoir d'ores et déjà un point de départ, sous
peine de n'être jamais une science et de demeurer
toujours à l'état d'étude. Ainsi que l'a dit excellemment Claude Bernard dans son *Introduction à l'étude
de la physiologie,* toute méthode, tout système scientifique, a pour premier point de départ *une idée*, et
l'idée est nécessairement déjà une déduction, une
conclusion anticipée, que l'expérience et le raisonnement pourront confirmer ou détruire, mais faute
de laquelle le premier pas dans la voie de l'expérience
et du raisonnement ne serait jamais fait.

En effet il faut reconnaître que toute science qui
tend à se former ne prend cette tendance que parce
qu'elle entrevoit un certain nombre de questions à
résoudre, et qui paraissent plus faciles ou plus ur-
gentes à examiner. Pour se mettre à l'œuvre, on
commence par essayer tout de suite d'utiliser, en
attendant mieux, ce qu'on a sous la main de disponible en faits et en observations.

Je vais donc proposer les réformes que je crois
nécessaires. Je me bornerai à les formuler en les
motivant. Ce sera seulement un programme raisonné : dans une matière aussi grave, en présence de
l'énorme masse d'idées régnantes et de faits accom-
plis qu'il s'agit d'ébranler, ce serait une témérité sans
excuse et sans espoir que de prétendre traiter les

choses à fond : et cela précisément parce que les questions sont très peu connues et très difficiles à résoudre à priori.

Bien que toute la première partie de ce travail soit faite, ce me semble, pour amener l'esprit du lecteur, par un cours naturel, à reconnaître la nécessité d'une étude scientifique du droit de punir, quelques considérations plus rapprochées de la pratique me paraissent nécessaires pour appuyer les propositions, aussi plus pratiques, qui vont faire l'objet de cette seconde partie de mon travail, et je demande la permission de les exposer ici rapidement.

J'ai insisté, assez pour n'avoir pas à y revenir, sur l'effrayant pouvoir que le cours des idées exerce sur la raison des hommes, soit pour l'entraîner soit pour l'arrêter. J'ai pourtant besoin de rappeler de plus fort cette grande cause de perturbation au moment où je demande au lecteur d'entrer avec moi dans un ordre d'idées profondément opposées à celles qui depuis des siècles ont régné dans le droit criminel et qui, sous l'air de progrès dont elles sont décorées, au fond y règnent encore.

L'homme supporte tout. Quelque difficile, quelque intolérable existence que lui fassent ceux qui le gouvernent, tant qu'il n'en meurt pas il y résiste, et la force presque indéfinie qu'il a pour supporter la souffrance est le plus terrible argument dont

puissent s'autoriser ceux qui, souvent sans le savoir,
le font souffrir. Il suffit d'une fausse conception sur
la morale pour inspirer au juge la croyance à un
crime imaginaire et pour susciter dans le cœur de
l'accusé un remords imaginaire comme le crime lui-
même. Cependant, sur tous les points où le droit de
punir a erré, voilà la majeure du syllogisme dont
tant de supplices ont été la conclusion.

La première condition d'une étude vraiment scientifique du droit de punir est donc de ne tenir aucun
compte des précédents et de faire table rase de toute
idée régnante, quelque fondamentale qu'elle puisse
paraître, dès qu'elle a pour origine un de ces précédents traditionnels qui presque à eux seuls constituent la doctrine actuelle du droit de punir.

Si je pouvais à mon gré choisir les juges de la
question et préparer leur esprit aussi favorablement
que je le désire, je voudrais les prendre parmi ces
vieux magistrats qui, pendant de longues années,
après avoir passé comme nous tous par les faciles
convictions de la jeunesse, sont arrivés peu à peu,
à force de voir le bien et le mal passer et repasser
sous leurs yeux, à se replier sur leur conscience,
à se recueillir de plus en plus, et à se demander
compte à eux-mêmes de cette loi morale au nom de
laquelle ils disposent de l'honneur et de la vie de leurs
semblables. Voilà les arbitres que je choisirais. Je

puis dire que si j'ai réussi à me désabuser de bonne heure de cette rigidité de convictions que donne la présomption naturelle à la jeunesse, je l'ai dû à ce que j'appelais alors les hésitations et les faiblesses de mes vieux collègues, et qu'aujourd'hui je vénère comme des exemples et des leçons.

Qu'on ne s'y trompe pas : c'est là, dans ces tribunaux tant insultés par les gens de désordre, qu'on trouve le véritable libéralisme. Jamais, hors les cas où il s'est agi d'un intérêt de parti, on n'a vu un avocat ou un homme politique réclamer la moindre réforme dans la loi pénale. Même dans les procès de presse, où l'opposition s'acharne tant contre la magistrature, la vérité est qu'on a au moins autant de peine à éviter les acquittements devant la juridiction correctionnelle que devant le jury.

Ce n'est pas sans dessein que je prends soin tout d'abord de rétablir la magistrature à la place qui lui appartient dans l'organisation de la justice. Pour moi, la seule vraie garantie d'une bonne justice, c'est un bon juge. Le rêve éternel des gens de plume et de parole est de combiner des constitutions et des lois qui, par la seule vertu de leurs formules sacramentelles, accomplissent à tout coup le miracle de l'infaillibilité. Mais en justice criminelle pas plus qu'en politique, des mots ne peuvent pas remplacer les hommes, et quelles que soient les lois qu'on applique, c'est le jugement qui importe et c'est le juge qui fait le jugement.

Dans ma pensée donc il y aurait lieu de faire passer dans les pouvoirs du juge une part considérable des décisions de droit et de fait qui sont actuellement tranchées d'avance par des dispositions réglementaires de la loi. La répression y gagnerait de pouvoir être exercée avec un peu plus d'élasticité et, par conséquent, avec beaucoup moins de rigueur ; la loi y gagnerait de pouvoir être simplifiée dans la plus large mesure, et on pourrait ramener à un chiffre relativement restreint la multitude innombrable et souvent contradictoire des incriminations du droit pénal.

Je ne m'occuperai pas de l'instruction criminelle, parce que je la considère comme la plus parfaite des lois qui nous régissent. Les dispositions en sont si exactement et si strictement liées à la nécessité des choses, au moins pour ce qui concerne l'instruction des affaires criminelles, qu'on peut en considérer chaque article comme l'expression d'une vérité de sens commun.

Et cependant, chose digne de remarque, à part les lois politiques, qui sont affaire de parti et non de droit pénal, c'est précisément sur l'instruction criminelle, sur les pouvoirs du juge, sur l'extension de la peine, et jamais sur la théorie générale de l'incrimination, que se portent les études ou les attaques des criminalistes « amateurs ». Pourtant s'il est déplorable d'être condamné, sans formalités suffisantes, à une peine abusive, il est affreux d'être frappé et déshonoré au nom d'un droit douteux, et c'est sur la discussion de ce droit qu'aurait dû se porter avant tout le zèle de ces redresseurs de torts.

Mais la raison de leur préférence s'explique facilement et elle est toute naturelle : l'information, le débat, le jugement et la peine, sont choses qu'on n'a pas besoin d'étudier et sur lesquelles il est facile au premier venu de se faire une opinion ; pour peu que le délit ou le crime ne soit pas trop odieux, le cœur aime à s'abandonner au penchant qui nous porte à plaindre l'accusé et à contrôler sévèrement le juge qui tient dans ses mains le sort d'un malheureux. Une fois dans cette voie, on s'attachera surtout à critiquer les moyens de preuve et la façon dont le juge s'en sert ; et quand la condamnation sera intervenue, on s'en prendra au mode d'exécution de la peine et on cherchera à le représenter comme excessif ou comme immoral.

C'est ainsi que s'est formée peu à peu la seule école libérale qui existe en matière de droit de punir. Je crois qu'elle s'est tenue à côté de la véritable question, de celle qui domine tout. J'en vois une preuve dans l'insignifiance des résultats que cette

école a obtenus et dans la lassitude visible de tant
d'hommes éminents qui s'y étaient dévoués et qui y
renoncent.

Cet insuccès et ce découragement devaient être
prévus : la question fondamentale, celle qui régit
toutes les autres parce que toutes les autres n'en
sont que des déductions, c'est celle de savoir si la
société a le droit d'incriminer tel fait : discuter sur
la preuve, sur l'interprétation de la loi, sur la nature ou la mesure de la peine, n'est qu'une vaine
chicane si l'on peut supposer qu'il y a doute sur la
loi même en vertu de laquelle on poursuit ce fait.

Ceci est un crime ; or tout crime est punissable :
donc je punis celui-ci : voilà le syllogisme. Mais si
la majeure est fausse il ne reste qu'un sophisme !
C'est donc la majeure qu'il faut avant tout vérifier.

Il y a une chose qui empoisonne tout, c'est la
politique. Dès qu'une arrière-pensée politique s'est
introduite dans l'intelligence d'un homme, elle déna-
ture tout à ses yeux et fausse toutes ses conceptions. On n'a qu'à regarder l'histoire pour voir avec
quelle précision la dépression intellectuelle et morale
d'un peuple se règle sur le degré d'agitation politique auquel il est en proie. Cela se démontre de
soi-même, puisque la politique est le seul sujet sur
lequel le premier venu, quelles que soient son ignorance et son incapacité, ait le droit de donner son

avis et même, en certains cas, de le faire prévaloir.

Or l'école libérale criminaliste est avant tout une école politique, qui tient ses traditions et son mot d'ordre de la révolution de 89. A ce moment-là, au lendemain d'un régime plein d'abus, on avait contre le pouvoir judiciaire les mêmes griefs et les mêmes défiances que contre les autres pouvoirs. La préoccupation constante des criminalistes de cabinet fut donc de défendre l'accusé, de le garantir contre les abus de pouvoir du juge, d'entraver l'instruction afin de rendre la preuve plus difficile, et enfin de judaïser à toute outrance sur le sens de la loi, afin de la rendre inapplicable aussi souvent que faire se pourrait.

Mais comme, en dépit des théories qu'on babillait autour d'elle, la justice continuait à condamner les malfaiteurs, l'école libérale s'en prit à la peine, et on vit se produire, sous le couvert de ce qu'on appelait « la question pénitentiaire », les élucubrations les plus étranges.

Ce n'est pas la faute de ces apôtres humanitaires si, d'adoucissements en adoucissements, la condition des prisonniers n'est pas devenue préférable à celle des honnêtes gens. Sans autre excuse que leurs intentions, excellentes sans doute, ils ont entrepris, avec l'agrément et le soutien du pouvoir, la tâche de moraliser les prisonniers dans la prison même, choisissant ainsi, sans s'en apercevoir, le seul endroit où il soit absolument certain que nulle pensée de retour au bien ne peut venir. Car quelle apparence y a-t-il de choisir, pour y prêcher la morale, le lieu où des malfaiteurs sont réunis par centaines, retranchés de toute communication avec les honnêtes gens?

Ce qu'on a obtenu, on le sait de reste : beaucoup d'actes d'hypocrisie et une progression imperturbable dans le nombre des récidives. Voyant qu'il fallait décidément renoncer à moraliser les condamnés dans les conditions où les plaçait l'exécution de la peine, on s'en est pris à la peine elle-même, et on a sommé le législateur d'avoir à lui donner un caractère « moralisateur ».

Ainsi voilà des gens qui, à même, comme tout citoyen, de faire le bien, ont de propos délibéré choisi le mal, et quand enfin la société, pour se défendre contre eux, les aura justement condamnés, il se découvre un lien de droit, une espèce de quasi-contrat, apparemment, en vertu duquel la société se trouve obligée à faire à ces gens-là une conscience et un honneur qu'ils n'ont pas su se faire eux-mêmes ! Devant de pareilles énormités on a vraiment peine à garder la mesure de la critique courtoise, et voilà pourtant une des conceptions qui ont le plus enflammé l'enthousiasme des adeptes et des apôtres de la réforme pénitentiaire. Ce qui est plus triste, c'est que des institutions permanentes, au premier rang desquelles il faut placer les colonies de jeunes détenus, ont été fondées sur cette décevante et dangereuse théorie de la moralisation par la peine.

C'est ainsi que les meilleures intentions du monde ne peuvent que produire le mal lorsqu'elles sont égarées par l'ignorance des véritables lois de la conscience, et par l'infatuation candide où l'homme tombe si facilement quand il se croit appelé à réformer le genre humain.

Non, ni les casuistes, ni les apôtres, ne feront jamais rien qui vaille pour une réforme sérieuse de la répression; ils n'y sont pas de force, et comme ces enfants téméraires qui touchent à des armes dont ils ne connaissent pas l'usage, ils ne peuvent que s'y blesser ou faire du mal autour d'eux. Ce qu'il faut à cette étude, c'est cette philosophie pratique que l'exercice du pouvoir peut seul donner, c'est cette modestie dans la morale, si j'ose ainsi parler, qui devrait faire courber la tête aux plus fiers s'ils savaient regarder la nature humaine en face.

Sur un point imperceptible de l'infini, et plus anéanti, dans son inconcevable petitesse, qu'un infusoire au milieu de l'océan, l'homme leur apparaîtrait tel qu'il est, faible, présomptueux, impatient, désireux du bien, enclin au mal, avide de vérité,

insatiable de mensonge, et le plus souvent incapable
de les discerner l'un de l'autre ; ils le verraient, sous
le poids de mille chaînes qui le font esclave de la nature et du sort, tantôt marcher libre et le front haut
dans la souveraineté majestueuse de sa conscience,
tantôt s'en aller de droite et de gauche, à la dérive,
butant à chaque pas, tombant pour se relever, les
mains écorchées, le front souillé de sang et de boue,
comme un ivrogne : voilà l'homme tel qu'il est,
voilà ce qu'ils sont eux-mêmes, et avant de juger et
de punir, qu'ils s'en souviennent.

Il leur faudra de là conclure que ce libre arbitre,
dont certains sont si glorieux, n'est ni moins précaire ni moins frêle que les autres attributs dont
l'homme se plaît à parer sa royauté imaginaire ; qu'il
n'est qu'une liberté relative, comme celle de l'oiseau
dans sa cage ou du passager à bord du bateau que le
courant d'un fleuve emporte.

Si l'on prend un crime donné, rien de plus facile
que d'en reconnaître le motif, rien de plus sûr que de
l'imputer à un mal dont la suppression aurait certainement, dans l'espèce, empêché ce crime de se
produire ; si l'on prend le coupable, rien de plus
simple que de le concevoir affranchi de la pensée
criminelle et restant innocent.

On peut appliquer le même raisonnement à tous
les crimes et à tous les coupables qu'on voudra ima-

giner, et ramenant ainsi la conscience humaine à cet idéal de moralité qui est la fin suprême du droit de punir, les supprimer tous. Mais ceci, on ne pourra le faire qu'en rêve et en théorie : en pratique et dans la réalité des choses, dès que, au lieu de prendre à part le crime et les criminels, on prendra le monde et les hommes, on verra avec épouvante, mais aussi avec la plus claire évidence, qu'une loi inexorable semble ramener presque à époques fixes un certain nombre de crimes toujours les mêmes.

Faut-il en conclure que le crime est une loi fatale ? Non certes : mais voilà un fait incontestable ; et précisément parce qu'il paraît effrayant, au lieu de fermer les yeux pour ne pas le voir, il n'y a qu'à le regarder en face, comme tous les fantômes, pour le réduire à sa réalité : il suffit pour cela de se souvenir que l'homme n'est ni un ange ni un dieu ; que tant qu'il ne le sera pas, il faudra nécessairement qu'il se trouve ici ou là, aujourd'hui ou demain, mais un jour et quelque part, un certain nombre de têtes pour supporter la capitation du mal comme d'autres têtes supportent la capitation de la misère ou de la douleur.

Et ce qui est vrai de l'individu est vrai de la société, de cet être collectif où toutes les propriétés et tous les caractères de l'individu sont réunis et multipliés pour former un être moral : comme il a ses

vertus il a ses crimes, dont le contingent proportion-
nel se répartit, selon les temps et les lieux, sur telle
ou telle génération d'hommes. Chose digne de remarque, là où se commettent impunément les crimes
sociaux les plus énormes, les crimes individuels sont
le plus impitoyablement punis et se produisent en
plus grand nombre.

Les vérités de la vie sont tantôt douces et tantôt
cruelles, mais nous n'avons pas le choix et elles ne
peuvent nous faire de mal que si nous refusons de les
comprendre : celle-ci, toute triste qu'elle soit, est nécessaire pour amollir la raideur des orgueilleux qui
s'arrogent le droit de proclamer les vertus, d'incriminer les vices, et d'exercer enfin ce pouvoir de récompense et de punition qui suppose une science
infaillible du bien et du mal.

Il est encore une autre vérité non moins triste et
non moins certaine que celle de la nécessité inévitable du mal, c'est l'inégalité des consciences. Personne ne songera jamais à contester qu'il y ait parmi
les âmes humaines des consciences supérieures, naturellement portées au bien, le voyant clairement,
et trouvant à le faire le plus grand bonheur de leur
vie : qui donc alors pourra refuser de reconnaître,
quand ce ne serait que pour justifier le rang qu'on
donne aux âmes élevées, qu'au-dessous de celles-là
il y a des consciences troubles et perverses, ne

voyant du bien qu'une image fausse et déformée, et trouvant, à faire le mal, le seul bonheur qu'elles puissent comprendre ?

Voilà le fait brut, et si on le prenait tel quel, il faudrait, ou le nier, ou dire que le droit de punir n'a plus rien à faire entre l'innocence des bons et l'ir-responsabilité des méchants. Mais ici comme tout à l'heure ce ne sera ni par une dénégation ni par un sophisme, mais par un examen calme et ferme, qu'on pourra réduire le fait à sa juste valeur, et s'assurer qu'il ne contredit en rien le principe de responsabilité morale sur lequel repose le droit de punir. Puisqu'il y a le bien et le mal, car c'est de leur coexistence même qu'en naît à nos yeux la distinction, comment pourrait-il ne pas y avoir des méchants d'un côté et des bons de l'autre ?

Ainsi se trouve écartée, par le fait même qu'on la prend de front, une des théories les plus spécieuses et les plus immorales qu'on ait mises en avant : alors on peut reprendre le fait et, comme de toute vérité dont on n'abuse pas, tâcher d'en tirer profit pour en découvrir les causes, en mesurer les effets, peut-être les atténuer.

Le principe et le droit ainsi sauvegardés, on peut, sans inquiétude et sans scrupule, interroger tour à tour les phénomènes naturels ou sociaux, individuels ou collectifs, qui peuvent, à des degrés divers, influer sur la moralité de l'homme : la misère, le manque d'éducation, l'ignorance, la faiblesse d'esprit, les penchants, les passions et les besoins de toute sorte, tantôt naturels et innés, tantôt factices et arbitraires.

Au-dessus de ces causes personnelles des crimes, on verra, les dominant et les enveloppant toutes, les trois souveraines, on peut le dire, du royaume du mal, et du mal sous toutes ses formes, car elles gouvernent également le crime, la folie et le suicide : c'est à savoir : l'imitation, la contagion et l'hérédité.

Plus on y réfléchira, plus on se convaincra que toutes les actions de milieu qui déterminent un individu au mal ne sont que des effets secondaires de ces trois grands moteurs de la vie.

J'ai dû donner place ici à ce que je considère comme une loi naturelle, et dont il est le plus important de tenir compte dans la théorie de la répression. Il n'y aurait point d'utilité à en développer maintenant la formule : il me suffira de l'avoir indiquée parmi les prolégomènes de la question, et je remets à en traiter plus en détail lorsqu'il s'agira des applications pratiques qu'on en peut faire à un système pénitentiaire déterminé.

Tel est l'ensemble des idées, des faits et des principes, sur lesquels j'ai cru pouvoir m'appuyer pour motiver et justifier les réformes que je propose. Je ne puis avoir d'autre prétention que d'obtenir de mes lecteurs un jugement attentif et impartial.. Je ferai tous mes efforts pour rester, dans l'application, le plus conséquent possible avec les principes que j'ai exposés soit dans cette seconde partie de mon travail, soit dans la première.

Je demanderai la permission, au risque de me citer moi-même, de répéter ici ce que je disais en terminant la leçon d'ouverture d'un cours de législation pénale. Le sentiment que j'y exprimais résume et domine tellement à mes yeux toute la philosophie du droit de punir, que je le considère comme un acte de contrition à faire toutes les fois qu'on se prépare à porter la main sur ce droit terrible.

« Les hommes d'autrefois étaient enveloppés, comme nous le sommes nous-mêmes, des idées et des erreurs de leur temps : confiants dans leur propre sagesse, ils se croyaient justes et humains. Nous qui vivons aujourd'hui, nous pouvons voir ce que leur justice avait de barbare : mais de la justice que nous rendons aujourd'hui, que savons-nous ?

» Hélas ! messieurs, peu de chose, parce que sur la scène de la vie nous sommes les acteurs, et qu'à la postérité seule il appartient de juger le spectacle que nous aurons donné au monde. Mais si nous ne pouvons savoir au juste ce que vaut la loi pénale d'aujourd'hui, nous savons du moins ce que valait la justice criminelle du « bon vieux temps », comme on l'appelait ; et quand nous parcourons par la pensée l'histoire du droit de punir, il nous faut reconnaître que jamais, dans ses heures de plus effroyable délire, aucun scélérat n'a rien conçu, rien exécuté, qui approche de ces tortures et de ces supplices que des législateurs, au nom de la morale et de la justice sociale, ont fait subir à des créatures humaines. » (*Revue des cours littéraires*, 6ᵉ année, p. 226).

Dans la première partie de ce travail, nous avons montré que toutes les questions relatives au droit de punir peuvent se ramener aux trois points suivants :

1º Qu'est-ce qu'un fait punissable ?

2º Qu'est-ce qu'une peine ?

3º Quel est le rapport entre le fait punissable et la peine ?

Nous allons examiner ces trois questions dans l'ordre où elles se présentent.

On comprendra de reste que nous n'ayons pas la prétention d'en donner la solution formelle : nous entendons seulement indiquer le sens où nous croyons qu'il faut marcher pour arriver un jour à cette solution.

CHAPITRE XI

PREMIÈRE QUESTION : QU'EST-CE QU'UN FAIT PUNISSABLE ?

Cette question se partage naturellement en deux branches ; car selon qu'on la considère en théorie ou en pratique, elle comporte des solutions différentes.

Si on la pose en fait, il suffit de répondre purement et simplement que le fait punissable est ce que la loi définit et punit comme tel.

Si on la pose théoriquement, il faut rechercher quels peuvent être les éléments légitimes de l'incrimination en général ; étudier, parmi les préceptes moraux, quels sont ceux dont l'observation peut être laissée libre à chaque conscience, quels sont ceux dont la violation doit être punie par la loi répressive.

Une fois faites, ces deux études réunies reconstituent la question dans son entier, puisque, étant donnée la nomenclature complète des faits incriminés par la loi, il s'agit alors de savoir, pour chacun de ces faits, si c'est à bon droit que la loi les a mis dans la catégorie des actes qui doivent être punis.

Cette critique, d'ailleurs, pour être complète, doit s'étendre également aux faits laissés en dehors de la répression. Car si on trouvait dans un fait ainsi laissé de côté les éléments constitutifs d'un fait punissable, il y aurait là une erreur légale à rectifier en incriminant ce fait. De même aussi devra-t-on écarter de la catégorie des incriminations les faits dépourvus des caractères reconnus nécessaires pour constituer le fait punissable.

Il va de soi que dans les bornes où se trouve renfermé ce travail, il ne saurait être question pour nous de donner autre chose que des indications, puisque, pour pousser à fond une pareille étude, il ne s'agirait de rien moins que d'analyser l'une après l'autre toutes les incriminations qui sont ou qui ont été en vigueur chez les peuples civilisés, et de déterminer, par l'étude approfondie de la conscience et de la société, les préceptes moraux à sanctionner par des peines. Une telle entreprise, ainsi que nous l'avons fait voir à la fin de la première partie de notre travail, ne pourrait être menée à bien que par les efforts

réunis d'un grand nombre de penseurs et de criminalistes.

§ 1er. DU FAIT PUNISSABLE EN GÉNÉRAL.

Tout le monde est d'accord que la société n'a ni
intérêt ni droit à réprimer par des peines toute espèce
d'infraction à un précepte moral quelconque. Avant
tout examen, et par une simple intuition du sens
commun, il est évident qu'elle doit se désintéresser
de ce qui ne la touche pas plus ou moins. Ainsi
le for intérieur, avec les questions de pure conscience qui en forment le domaine, échappe par sa
nature même à sa juridiction.

Il y a plus, et on peut démontrer que le droit d'incrimination est, par cela même qu'il existe, nécessairement limité, par la raison que s'il n'était pas limité il ne pourrait pas être. En effet, pour pouvoir
réprimer tout absolument ce qui est mal, il faudrait que la société pût à la fois : savoir tout ce qui
se fait ; deviner tout ce qui se pense ; formuler un
code de morale universel et infaillible ; l'appliquer
avec les tempéraments exigés par la responsabilité
de chaque individu ; en déduire enfin une peine
proportionnelle à l'infraction et à la culpabilité. Ce
serait impraticable et tout le monde en est d'accord.

Mais où commence la difficulté, c'est lorsqu'il s'agit de déterminer la limite à partir de laquelle la société doit cesser de se désintéresser. A quel signe pourra-t-on reconnaître que la réparation civile ne suffit pas pour compenser le dommage causé par l'agent et qu'il faut de plus, pour compléter cette réparation, lui infliger une peine ?

Il semble au premier aperçu que les caractères du fait punissable soient assez positifs pour être facilement formulés. Quand on a dit qu'il est immoral ; qu'il est nuisible ; qu'il cause à la fois un dommage privé réparable par des dommages-intérêts et un dommage public que la peine seule peut réparer ; qu'enfin il se constitue d'un fait nuisible et d'une intention coupable, on croit l'avoir défini. Mais lorsqu'on serre de près chacun de ces caractères, on ne tarde pas à reconnaître qu'aucun d'eux n'est exclusivement propre au fait punissable ; que tous, pris isolément ou même ensemble, peuvent s'appliquer également à des faits non incriminés et qu'au point de vue de la loi on peut appeler des faits licites.

Ainsi la loi punit, par exemple, le délit de chasse, l'emploi de papier blanc pour affiche, qui ne sont pas des actes immoraux ; en sens contraire elle laisse impunis le dol, la fraude, le mensonge, l'indélicatesse, sans compter l'inceste et les attentats contre nature, qu'elle n'incrimine pas, et certains actes de compli-

cité qu'elle dispense de toute peine en cas de révé-
lations faites par le coupable. Lorsque la loi pénale
est simplement préventive, comme par exemple dans
les infractions en matière d'état civil ou de police,
elle punit des gens qui n'ont fait aucun mal direct et
qui tout au plus auraient pu devenir la cause d'un
mal, bien que la possibilité même de cette conséquence soit souvent irréalisable par suite de l'organisation même de l'état civil et de la police.

Il n'est pas plus exact de dire qu'une infraction
punissable laisse toujours une part irréparable de
dommage : dans bien des cas les amendes et autres
réparations prononcées dépassent évidemment le
dommage social causé.

On ne peut pas dire davantage que le fait punissable implique une intention coupable, puisque, dans
toutes les contraventions et même dans les délits
d'homicide et de blessure par imprudence, l'infraction se constitue sans intention coupable. Dans le
délit manqué nous voyons même quelque chose de
plus singulier : il y a un fait, il y a une intention
coupable, et cependant il n'y a pas de délit, parce
qu'une circonstance ignorée de l'agent avait d'avance
rendu son acte sans effet possible.

Et si l'on considère la question du point dominant,
c'est-à-dire sous le rapport de la morale, on reconnaîtra que le même fait a été, selon le temps ou le

lieu, tantôt déclaré coupable et tantôt reconnu licite ; que non seulement il y a variation et incertitude
sur les principes, mais que certaines lois pénales,
comme par exemple chez nous les lois sur la police
des machines à vapeur, ont été déclarées transitoires
et laissaient prévoir le moment où les prescrip-
tions qu'elles sanctionnaient d'abord par des peines
seraient abolies pour laisser place à une liberté
absolue.

Les changements politiques et économiques qui
ont modifié si profondément les transactions sociales
sont encore venus ajouter à l'obscurité des idées en
matière de morale, et c'est au milieu d'un redouble-
ment de difficultés, on peut le dire, que se présente
à nous cette question fondamentale de la répression :
qu'est-ce qu'un fait punissable ?

Faisons donc table rase de toutes ces définitions
incomplètes, essayons d'établir en théorie pure les
conditions dans lesquelles doit se présenter un fait
pour qu'il puisse être incriminé.

La première condition, à ce qu'il semble, est que
ce fait soit nuisible, c'est-à-dire qu'il ait nui en
effet ; la seconde, qu'il ait été commis avec une
intention coupable.

Ces deux conditions paraissent fondamentales et
absolues, et il en résulterait tout d'abord qu'elles
devraient avoir pour résultat de faire sortir de la

classe des faits punissables toutes les contraventions quelles qu'elles soient et tous les délits sans intention coupable.

En troisième lieu il faudrait établir en principe que la répression ne doit intervenir que là où la réparation civile ne suffit pas et laisse encore après elle un dommage social à réparer par une peine. A cet effet, on établirait la nomenclature de certains faits définis comme les injures, les coups et blessures simples, certains vols ou abus de confiance, par exemple, qui ne pourraient donner lieu à poursuite correctionnelle que dans le cas où l'agent n'aurait pas réparé le dommage par lui causé.

En quatrième lieu il faudrait placer en dehors du domaine de la répression tous les actes qui ne constituent que des infractions à des règlements administratifs, comme les délits forestiers, les contraventions de police, les contraventions fiscales. Les amendes et dommages-intérêts en ces matières devraient être prononcés et recouvrés par les agents de chaque administration, ou tout au moins devrait-on, comme cela se fait déjà dans certaines matières analogues, les faire prononcer par les tribunaux civils.

C'est une tendance, malheureusement trop fréquente chez nous, que de vouloir en toute occasion mettre la justice répressive au service des recouvrements du fisc : il est temps de renoncer à cette pratique imitée des plus mauvais exemples de la vieille justice. Dans un État organisé comme il doit l'être, chaque institution doit se suffire à elle-même; si elle ne peut fonctionner qu'à condition de détourner à son profit une partie des forces d'une autre institution, c'est qu'elle est mal établie et qu'il faut la réformer.

La justice ne doit pas être ravalée au rôle d'un huissier ou. d'un porteur de contraintes, et l'effet exemplaire des condamnations qu'elle prononce perd singulièrement de son action quand on voit, sur le même banc et frappés des mêmes peines, un cabaretier en contravention, un berger qui n'aura pas mis de sonnette à ses bœufs, à côté de voleurs et d'escrocs. Je le répète, une incrimination ne doit être édictée que si la société n'a pas d'autre moyen de réprimer le fait, et il faut que l'incrimination réponde à une idée d'immoralité nette et précise.

La répression doit, à mes yeux, constituer le caractère fondamental et exclusif de la loi pénale : je poserais donc comme premier principe qu'il ne doit pas y avoir d'incrimination préventive.

Le législateur me semble excéder ses pouvoirs lorsqu'il incrimine un fait uniquement à cause de ses conséquences possibles ou probables : la possibilité ou la probabilité ne sont rien autre chose que des opérations de l'esprit : elles ne sont pas des faits délictueux, c'est-à-dire des actes nuisibles commis avec une intention coupable, et les faits de cette nature sont les seuls que la loi pénale ait le droit de réprimer en la personne de leurs auteurs.

C'est à l'administration et à la police à pourvoir aux nécessités de la prévention : l'administration, par l'exercice des moyens de coaction administratifs ou pécuniaires dont elle est armée ; la police, par la surveillance et l'action directe de ses agents ; toutes deux, en fin de compte, par l'assistance de la force armée, qu'elles ont toujours le droit de requérir.

Ces principes généraux une fois admis, le droit d'incrimination aura encore à compter avec d'autres principes devant lesquels il faudra qu'il s'arrête.

Dans tous les cas où une liberté nécessaire serait violée par une loi répressive, cette loi serait sans fondement légitime et ne saurait être maintenue. La jurisprudence de la cour de cassation sur les arrêtés locaux de police fournit de nombreux et intéressants exemples à ce sujet. Le maire, en interdisant par un arrêté de police certains faits, crée de véritables incriminations, puisque ses défenses ont pour sanction des peines de simple police : mais son droit n'est pas illimité, il s'arrête, par exemple, devant les libertés nécessaires de chaque citoyen. En conséquence, la cour de cassation a annulé comme entaché d'excès de pouvoir l'arrêté par lequel un maire avait voulu

obliger tout habitant de la ville à inscrire sur un registre le nom des personnes qui auraient passé la
nuit dans sa maison.

Ce qui est vrai d'un arrêté de police est vrai d'un
article du code pénal ; toute la différence est que le
code pénal ne peut être revisé que par le pouvoir législatif, de sorte que le préjudice social causé par une
incrimination mal fondée est à la fois plus grave et
plus difficile à réparer.

C'est une suite du principe qui précède, que la liberté de conscience, liberté nécessaire au premier
chef, ne peut en aucun cas être atteinte, soit directement soit par suite d'une disposition pénale.
La loi de 1814 sur l'observation du dimanche, par
exemple, en imposant certaines abstentions à tous
les citoyens en général, violait évidemment la liberté
de conscience des non-catholiques, puisque les pres-
criptions en étaient fondées uniquement sur l'intérêt
du culte catholique.

Il est un autre obstacle devant lequel devra s'arrêter le droit d'incrimination, c'est lorsque l'acte qu'il
s'agirait d'incriminer sera de ceux qu'un devoir
professionnel ou naturel rend obligatoire. Nous en
voyons un exemple dans le secret professionnel.

Tout citoyen doit témoigner devant la justice des
faits qui sont à sa connaissance : s'il refuse de le
faire, ce refus est un délit punissable. Mais le témoin

est un confesseur, un médecin ; c'est en cette qualité, sous le sceau du secret professionnel, qu'il a eu connaissance des faits ; s'il parle, il viole le secret professionnel et la loi le punit : il faut donc qu'il puisse se taire, et c'est ce que le législateur a reconnu.

Ajoutons, pour finir, que certains actes, même de ceux que la loi incrimine, peuvent devenir licites lorsque la nécessité ou le devoir professionnel y obligent l'agent : tels sont : le meurtre commis dans le cas de légitime défense, ou par ordre de l'autorité, comme l'exécution d'un condamné à mort.

Il y a donc quelque chose d'approchant de la vérité dans le fond de ce que dit Beccaria (*Des Délits et des Peines*, ch. XXI), que « la punition ne saurait être juste, ou nécessaire, ce qui est la même chose, tant que la loi n'a point employé, pour la prévenir, les meilleurs moyens possibles dans les circonstances où se trouve la nation ». Pris absolument, c'est faux et n'irait à rien moins qu'à justifier l'abominable doctrine qui veut faire la société responsable de tous les méfaits des criminels : mais si on veut seulement entendre par là que la répression est un remède extrême et que, si on est en état d'empêcher le mal, il faut l'empêcher et non pas le punir, il y a là, sous une forme inacceptable sans doute, une idée générale qui est vraie et qui résume assez bien les considérations que nous venons d'exposer.

Ainsi nul fait ne pourra faire l'objet d'une incrimination :

S'il n'a pas nui ;

S'il n'a pas été commis avec une intention coupable ;

S'il a été complètement réparé par des dommages-intérêts ;

S'il peut être réprimé par l'application d'une loi administrative ;

S'il peut être prévenu par l'administration, la police ou la force publique ;

S'il est un acte de liberté nécessaire ;

S'il est légalement obligatoire pour l'agent, à raison de sa profession ;

S'il est rendu licite par une circonstance qui l'excuse légalement.

Voilà à quelles conditions un fait pourra être incriminé. Ce cadre une fois établi, je crois qu'il ne serait pas impossible, en les soumettant au contrôle de chacun de ces signes caractéristiques, de discerner les faits punissables de ceux qui ne doivent pas l'être.

§ 2. DÉTERMINATION THÉORIQUE DU FAIT PUNISSABLE.

En effet, si l'on considère l'ensemble de ces conditions, il s'en dégagera une pensée générale que des

réflexions plus attentives viendront confirmer. Dans
le cercle d'idées où ces conditions enferment le problème, voici selon moi comment on pourrait arriver
à formuler la définition du fait punissable :

Dans l'état social tel qu'il est organisé, l'homme,
en échange des devoirs qu'il doit remplir, a droit de
compter sur certains avantages. Il a ses intérêts individuels, il a ses intérêts sociaux. Il doit employer sa
vigilance, sa prévoyance, sa force, toute son activité physique et morale enfin, à sauvegarder les uns
comme les autres.

Mais quelles que soient son activité et ses forces,
un individu isolé ne peut suffire à soutenir à lui tout
seul et son établissement particulier et l'édifice social : il lui faut le concours de toute la communauté,
et c'est sur ce besoin d'aide mutuelle, c'est en vue
des avantages permanents de cette association, que
la société est fondée.

Or le bénéfice de cet état social est d'assurer à
chacun de ses membres la possession et la jouissance
paisibles de tous les droits naturels dont il n'aurait,
s'il avait vécu isolé, qu'une possession et une jouissance précaires et toujours attaquées par l'ennemi.

L'état de société constitue donc pour chaque citoyen un contrat d'assurance réciproque qui lui
garantit, par la seule force du lien social, la sécurité de sa personne et de ses biens et une liberté sans

autre limite que l'intérêt commun dont il a d'ailleurs sa part.

Il résulte de là, non pas le contrat social tel que l'entendait Rousseau, et qui serait une restriction aux droits individuels de chacun, mais un pacte de fait, un ensemble de conventions tacites nées du fait même de l'association, et qui donne à chaque citoyen, en outre de ses droits individuels qu'il garde tout entiers, un certain nombre d'avantages sociaux. Ces avantages ont pour garantie la foi publique.

Eh bien, ce qui me paraît caractériser le fait punissable, c'est la violation de cette part de sécurité, de foi publique, qui dans une société civilisée dispense l'homme de l'éternelle vigilance, de la défensive continuelle, où il serait obligé de vivre s'il était sauvage. Le fait punissable est donc *la violation de la foi publique.*

S'il fallait à tout instant craindre pour sa vie, si l'on ne pouvait s'éloigner de sa maison sans la trouver pillée ou brûlée au retour, s'il nous fallait entreprendre un combat pour soutenir chacun de nos droits, ce ne serait pas la peine de vivre en société. Il y a une certaine mesure de sécurité et de libre exercice sur laquelle nous avons le droit de compter et que la société doit nous garantir.

D'un autre côté il n'est pas moins vrai que la loi ne peut pas tout faire pour nous, et qu'il y a une

limite où nous ne pouvons compter que sur nous-
mêmes pour la défense de nos intérêts particuliers.

Ainsi se marque nettement, ce me semble, la
distinction entre le fait punissable que la loi pénale
doit réprimer, et le fait dommageable, que des condamnations civiles peuvent réparer à la requête de la
partie lésée.

Sera punissable tout fait qui, même après réparation par dommages-intérêts, laissera non réparé un
préjudice public résultant d'une violation de la foi
publique : ne sera pas punissable le fait dont la loi
civile suffit à réparer entièrement le préjudice.

§ 3. Application pratique du principe d'incrimination.

Si cette règle paraissait juste, on pourrait essayer
de l'appliquer aux diverses incriminations édictées
par nos lois répressives, puis vérifier si elles sa-
tisfont aux conditions constitutives dont nous avons
analysé plus haut les éléments, et on établirait ainsi,
d'après un ensemble de principes communs, une nomenclature d'où il faudrait exclure un certain nombre
d'incriminations et où il y aurait lieu, en sens contraire, d'introduire plus d'un fait actuellement impuni par la loi en vigueur.

Je crois que le résultat de cette opération serait de montrer que le nombre des incriminations dépasse toute mesure, et qu'on pourrait le réduire au grand avantage de l'autorité morale qui doit appartenir à la loi répressive, car c'est un grand mal quand on peut avec quelque apparence contester une loi de cette nature.

Sans anticiper sur ce que je proposerai plus loin pour l'établissement de l'échelle des peines, je ferai observer que, même en l'état actuel de nos lois pénales, les aggravations de peine fondées sur la qualité de la personne ou sur des circonstances du délit n'ont pas besoin d'être formulées, et qu'on devrait en laisser l'appréciation au juge. Car, ou elles ne sont que des faits accessoires, et le juge en tiendra compté dans la mesure de la peine, ou elles constituent des délits juxtaposés au délit principal, et le juge en fera le chef d'une décision cumulative.

S'il est vrai, comme nous l'avons proposé plus haut, que les dispositions du code pénal doivent être limitées à la répression et laisser au gouvernement et à la police ce qui concerne la prévention des délits, bien des incriminations relatives à l'autorité, à la morale publique, à la presse, à la constitution, à la sûreté intérieure et extérieure, pourraient être effacées. Il suffit d'y songer un instant pour reconnaître que ces incriminations ne sont qu'une lettre

morte et que par le fait elles ne servent à rien pour
soutenir un régime politique chancelant. Si ce régime
doit se soutenir, c'est qu'il aura eu en lui-même la
force nécessaire pour résister aux attaques de ses
ennemis : s'il doit tomber, il tombera par le vice de
sa constitution, et ce ne sera pas un tribunal de police correctionnelle qui pourra retarder la chute d'un
empire. La discipline des corps constitués doit suffire
à les maintenir dans le devoir : la police et la force
doivent suffire à maintenir l'ordre public et le respect des mœurs et de l'autorité.

Laissant donc aux pouvoirs publics la tâche de
maintenir leur autorité par le droit et par la force,
le code pénal pourrait se réduire, pour toutes ces
matières politiques, d'une part, à punir l'injure, la
violence, la diffamation et l'outrage et, d'autre part,
à réprimer les attroupements.

L'incrimination de l'injure, de la diffamation et de
l'outrage, publics ou non publics, plus ou moins
graves à proportion de la qualité de la personne
ou du principe moral outragé, suffirait à régir tout
ce qui a trait au respect des personnes, des autorités
et des principes moraux.

D'un autre côté, tant que le désordre ne se sera
pas manifesté par une voie de fait, c'est affaire à la
police de le réprimer.

Mais l'attroupement, voilà la voie de fait, et c'est là

que la loi pénale doit intervenir. Car à moins que l'attroupement ne soit suivi d'une révolution triom- phante, l'emploi de la force, qu'il autorise, aura nécessairement pour effet de rétablir l'ordre, d'ar- rêter les mutins, et de les faire livrer aux tribunaux qui les puniront pour avoir participé à un attrou- pement, et pour avoir commis à cette occasion tel crime ou délit de droit commun.

Il y aurait encore lieu de supprimer, pour les lais- ser dans la classe des simples dommages à la pro- priété privée, toutes les incriminations relatives à la chasse et à la pêche.

Pour un intérêt minime et même contestable, celui de la conservation du gibier, chaque année on déchaîne sur toute l'étendue de la France une répres- sion très coûteuse, très sévère, qui occupe la moitié des audiences des tribunaux, qui détourne la gendar- merie de sa surveillance, et par suite de laquelle une classe des plus dangereuses, celle des braconniers, se trouve créée de toutes pièces par la loi : que demain la chasse soit libre, le braconnier n'existera plus.

Il n'y a aucune raison pour mettre sous la protec- tion d'une loi répressive un droit, et précisément le plus fugitif et le plus aléatoire, qui ne diffère en rien des autres droits attachés à la propriété. Le gibier et le poisson n'appartiennent même pas au propriétaire du sol; ils sont à qui s'en empare : la loi pénale ne peut valoir contre ce principe. D'un autre côté, comme chacun a le droit d'empêcher qu'on n'entre chez lui, notamment pour y détourner le profit des avantages même fortuits qui s'y peuvent rencontrer, le propriétaire a qualité pour actionner quiconque viendra chasser ou pêcher sur son fonds, mais l'État n'a aucun intérêt ni aucun droit à intervenir dans ce cas.

Sans aller plus loin dans une recherche que les bornes de ce travail ne nous permettent pas d'étendre et qui exigerait un examen complet, nous pouvons estimer que les réformes ci-dessus indiquées auraient pour résultat de faire disparaître presque toute la législation pénale sur les matières administratives, sur les délits des fonctionnaires, sur la presse, sur les associations et les réunions, sur les coalitions et en général sur toutes les matières où la liberté du travail est en cause; qu'elles simplifieraient le système des inculpations complexes, ce qui, avec l'abolition des lois répressives sur la chasse et la pêche, réduirait à quelques centaines, au lieu de plusieurs milliers, les incriminations de notre loi pénale.

Sous la réserve d'être accomplie avec tout le soin qu'elle exige, cette réduction serait par elle-même un grand bien. Par la même raison qu'une peine ne doit être édictée que si on ne peut pas se dispenser de le faire, le nombre des incriminations doit se

trouver, dans la loi pénale, réduit au strict nécessaire.

La société a sans aucun doute un intérêt considérable à ce que le mal soit puni, mais d'un autre côté
elle doit prendre garde à ne pas se laisser entraîner
jusqu'au point, et ce point existe, où la répression
peut devenir un autre mal non moins redoutable.

Nous avons, dans la première partie de ce travail,
donné un aperçu de ce que la répression coûte en
argent, en travail et en pertes de toute sorte : nous
devons en outre mettre ici en ligne de compte d'autres conséquences qui, pour être purement morales,
n'en sont pas moins très préjudiciables pour la société.
Neuf fois sur dix, un homme condamné, même à une
peine légère, est un homme démoralisé, et sa famille
avec lui : ainsi se forme et s'étend une classe de gens
malfamés qui corrompent beaucoup plus par la contagion de leurs vices qu'ils n'édifient par l'exemple
de leur châtiment : la tendance constante du législateur doit donc être vers tout ce qui peut en réduire
le nombre.

A un autre point de vue, la proportion des acquittements, qui va jusqu'à trente-quatre pour cent devant le jury et qui donne, ainsi que nous l'avons
rappelé plus haut, un total de dix-sept mille acquittements par an, autorise à penser que ce résultat ne
doit pas être attribué uniquement à l'insuffisance des

preuves, et que l'excès de l'action répressive rencontre une résistance dans les corps judiciaires chargés d'appliquer la loi. Cela est tout au moins certain pour le jury, dont les acquittements obstinés ont fini par forcer le gouvernement à adoucir certaines peines ; je crois qu'il ne serait pas difficile de se convaincre qu'il en est de même devant les tribunaux militaires, maritimes, et même correctionnels.

Ce qui importe en matière de droit de punir, ce n'est pas le nombre des accusations, c'est leur efficacité. Moins elles seront nombreuses, plus elles seront imposantes et assurées : plus on les multipliera, plus elles perdront de leur prestige et plus elles courront de risque d'être démenties par des acquittements. Deux ou trois condamnations sévères et appliquées à propos sont d'un bien meilleur exemple que six condamnations et trois ou quatre acquittements.

Rayer ainsi d'un trait de plume les trois quarts et plus de la loi pénale semble, au premier abord, une proposition bien téméraire : on s'étonnera cependant encore davantage quand je dirai qu'il en resterait encore dix fois plus que les tribunaux n'en appliqueraient. Il suffira pour s'en convaincre de jeter un coup d'œil sur la statistique judiciaire : le nombre des espèces de délits habituellement pour-

suivis est si constant et si uniforme, que la liste en
est imprimée à l'avance dans les colonnes du compte
annuel de la justice, qu'on envoie à remplir aux
magistrats du parquet ; avec quelques lignes laissées
en blanc pour les délits inusités, une seule colonne
donne place au relevé de tous les délits d'une année.
N'y a-t-il pas là une nouvelle preuve que le nombre
des incriminations dépasse les besoins de la répression ?

Si j'ai réussi à démontrer la nécessité de réduire
les poursuites en droit, il me semblerait que par
une conséquence naturelle on devrait les réduire
en fait.

Pour obtenir ce résultat je voudrais d'abord qu'à
l'imitation des codes de justice militaire, la loi éta-
blît, sous la qualification de « délits disciplinaires »,
un certain nombre d'incriminations punies de
peines légères, par exemple pour le vol, quand la
valeur de l'objet volé est minime ; que le ministère
public, sous sa responsabilité professionnelle, eût le
droit de qualifier ainsi ces délits dans le cas où il
assigne directement le prévenu ; que le même droit
fût attribué au juge d'instruction dans son ordonnance de renvoi, et de même au tribunal dans son
jugement, quelle que fût d'ailleurs la qualification
donnée au fait dans l'assignation ou dans l'ordonnance de renvoi.

Par une conséquence de ces nouveaux principes, je voudrais que l'assignation donnée par la partie lésée à l'auteur d'un fait punissable n'eût pas pour effet, comme actuellement, de saisir le tribunal de répression et d'engager l'action du ministère public.

Que cette partie puisse toujours intenter devant la juridiction civile une action en dommages-intérêts ; qu'au cours de toute poursuite devant la juridiction répressive elle puisse intervenir pour demander la réparation du dommage, voilà qui suffira toujours à sauvegarder dans toute son étendue l'intérêt qui lui donne qualité dans l'instance : mais laisser à la discrétion du premier venu le pouvoir de forcer l'exercice d'un droit aussi redoutable, et de faire cela sans intérêt, indirectement, quand d'autre part la loi prend tant de précautions pour réduire la répression au strict nécessaire, c'est ce que rien ne nous semblerait justifier, surtout si l'on accordait en principe la liberté de qualification que, dans le paragraphe qui précède, nous venons de réclamer pour les tribunaux.

La théorie fondamentale du code pénal actuel, qui divise les infractions en crimes, délits et contraventions, devrait aussi être abandonnée.

En fait, par suite de l'application de l'article 463 du code pénal, il y a longtemps que cette théorie n'existe plus. Du moment qu'il dépend du juge de faire passer un crime dans la classe des délits, la loi qui déclare déshonoré pour jamais quiconque aura été frappé d'une peine infamante, n'a plus d'autorité ; d'un autre côté, il est constant que l'opinion publique attache un déshonneur ineffaçable à certaines condamnations correctionnelles, tandis que tel meurtrier pourra se voir acquitté aux acclamations de l'auditoire.

Des considérations d'un ordre plus élevé commandent d'ailleurs de rayer de la loi cette prétendue théorie, qui n'est ni juridique ni morale, puisque les tribunaux ne l'appliquent pas et que la conscience publique la dément.

Corriger un coupable, l'affliger, le rendre à jamais infâme, sont des résultats que trois adjectifs, même insérés dans un texte de loi, ne suffisent pas à obtenir ; la nature des choses réduit les tentatives et les prétentions de ce genre à de simples effets littéraires. Le cœur du condamné est inaccessible à la juridiction des hommes : Dieu seul y peut pénétrer pour y reconnaître la douleur ou le repentir. Quant à l'infamie, c'est la conscience du genre humain qui, sans se laisser lier par ces textes qu'elle n'a point délibérés, l'inflige ou ne l'inflige pas, quoi que la loi ait pu prétendre ou décider.

Quand la distinction entre les délits et les crimes est reconnue et déclarée purement arbitraire et de droit positif, comment justifier ces catégories intitulées au nom de ce que la morale a de plus fixe et de plus absolu ?

De quel droit, quand le repentir fait pardonner tant de fautes, la loi grave-t-elle au front de certains condamnés une marque ineffaçable d'infamie ? Pourquoi, alors, avoir aboli la flétrissure qu'on appliquait autrefois avec un fer rouge sur l'épaule des forçats ? Celle-là du moins pouvait se cacher.

Et comment la même loi qui reconnaît au temps le pouvoir de prescrire la poursuite, attache-t-elle, à une peine souvent temporaire et depuis longtemps subie, un déshonneur qui suit le condamné jusqu'à sa mort ? Il ne devrait donc, selon nous, y avoir dans le code pénal que des *infractions* et des *peines*, sans qualification aucune.

Il y aurait encore à pourvoir à la stricte observation d'un des principes les plus essentiels du droit de punir, savoir : que nul ne peut être poursuivi plus d'une fois à raison du même fait. Cette règle est tellement juste, elle se formule en termes tellement clairs, qu'il n'y a pas de subtilité ou de distinction qui puisse permettre de l'éluder.

Dans la pratique judiciaire, cependant, il n'est pas rare de voir poursuivre devant un tribunal correctionnel, sous la prévention d'escroquerie, un individu qu'on avait d'abord traduit en cour d'assises à raison du même fait présenté sous la qualification de faux, et qui avait été acquitté; de même pour les accusées d'infanticide, qu'après un acquittement prononcé de ce chef par le jury on poursuivait en police correctionnelle pour le même fait, qualifié cette fois d'homicide par imprudence. C'est là, à n'en pas douter, une violation de la règle *non bis in idem*.

Je déclare sans la moindre hésitation que ce même principe me paraît engagé dans une question tranchée affirmativement par la plupart des codes de répression, le nôtre en tête : je veux parler de la récidive.

Après avoir longtemps réfléchi sur ce point, je me suis convaincu, par des raisons qui me semblent décisives, que ce principe, dans l'état où en est à présent arrivée la théorie du droit de punir, ne saurait être maintenu dans la loi.

Si j'ai réussi à démontrer, ce qui est un des objets de cette étude, que le droit de punir procède d'un instinct naturel et d'un besoin social de défense ne pouvant se manifester que par une peine légitime en elle-même et proportionnée au délit, chaque acte de répression doit, pour réaliser l'équation entre le délit et la peine, être précis, définitif, et limité au fait qui a donné lieu à la condamnation.

L'effet de la peine ne doit ni remonter dans le passé ni se prolonger, d'une façon intermittente ou continue, dans l'avenir : la loi doit déterminer d'une manière fixe la mesure de la peine, soit en intensité soit en durée et, la peine subie, le condamné doit être tenu pour quitte.

En attachant à une condamnation subséquente des peines aggravées à raison d'une précédente condamnation, la loi établit en réalité, pour le jugement du récidiviste, un double débat et une double source de répression pour un seul délit. Elle fait revivre une action répressive qui ne devrait pas être de nouveau déduite en jugement puisqu'elle a été épuisée par la peine prononcée ; elle la lie, par une connexité rétrospective, à la nouvelle poursuite. Et si elle ne poursuit pas et ne condamne pas deux fois la même personne à raison du même fait, on peut dire du moins qu'elle prononce en réalité contre le récidiviste deux peines, dont l'une est afférente au nouveau délit et l'autre au délit précédent : il est donc rigoureusement exact de dire qu'il est condamné deux fois pour l'ancien délit et une fois pour le nouveau.

La récidive devrait donc cesser de constituer un cas d'aggravation de droit, pour rentrer purement et simplement, avec la considération des antécédents du prévenu, dans les pouvoirs du juge.

Le code pénal français avait déterminé d'une façon limitative les cas de complicité. Le cours des choses, les nécessités nouvelles nées des circonstances, ont bientôt amené le législateur à introduire de nouveaux cas de complicité comme, par exemple, la provocation publique à des délits. On en est ainsi venu, d'extension en extension, à établir, non sans excès de logique, des assimilations de responsabilité que la conscience publique n'a jamais ratifiées.

On voit là combien il est dangereux de vouloir donner force de loi à des raisonnements qu'il faudrait laisser à l'arbitrage du juge. Un code pénal ne doit définir que le délit et la peine.

En ce qui touche la complicité, il aurait suffi de statuer que tout complice sera passible des mêmes peines que l'auteur principal, laissant au juge à chercher la preuve de cette complicité dans un débat qui donnera pour l'un comme pour l'autre les mêmes éléments de décision.

On comprendrait l'utilité de ces définitions si le code avait eu l'intention de réduire les cas de complicité : mais puisqu'il a fait tous ses efforts pour n'en laisser échapper aucun ; puisque, d'un autre côté, l'idée de la complicité est aussi nette, aussi précise, dans l'esprit d'un juge, que peut l'être celle de la culpabilité, tout ce qu'on aurait droit d'attendre de ces définitions, ce serait qu'elles pussent prévoir tous les cas : eh bien, le juge est là pour décider dans chaque affaire, et du moment qu'il aura été investi du droit d'incriminer et de punir la complicité, aucun genre de complicité ne lui échappera.

Il y aurait donc là toute garantie pour l'efficacité de la répression, mais il y en aurait de plus contre ses excès. Il n'est pas besoin de remonter bien haut dans l'histoire pour reconnaître que le législateur n'est pas toujours aussi sage que le juge. Jamais, par exemple, si l'article 1er de la loi du 17 mai 1819 n'avait établi ce nouveau mode de complicité, un juge ne se serait pas avisé de « considérer comme complice et de punir comme tel quiconque aura provoqué publiquement les auteurs d'un crime ou d'un délit à le commettre, si la provocation a été suivie d'effet ». Dans ces conditions, pour un cri poussé dans une émeute, pour quelques lignes imprimées dans un livre ou dans un journal, tel d'entre nous peut à l'occasion se voir condamné à mort et exécuté comme complice d'un auteur principal dont il ignorait jusqu'à l'existence.

Plus on y songe, moins il paraît possible de régler légalement la mesure de responsabilité du complice. Entre le conseil, les instructions données, l'aide, l'assistance, et enfin la coopération directe, il y a autant de degrés de responsabilité morale qu'entre des délits différents, et le juge doit être complètement libre de mesurer ces degrés et d'y proportionner la peine.

Si le droit de punir n'avait à tenir compte que

du fait, on pourrait admettre l'assimilation pure et simple du complice à l'auteur principal : mais du moment qu'il s'agit d'une question d'intention et de culpabilité, cette assimilation n'est plus qu'une fiction légale que démentent également la conscience et la vérité.

Par tout ce que je viens d'exposer dans ce chapitre, j'espère avoir établi d'une manière précise le principe sur lequel me paraît fondée la véritable théorie de l'incrimination. Ni l'empirisme traditionnel et arbitraire, ni la doctrine de l'intimidation, ni celle de l'utilité, ne me semblent suffisants pour justifier le droit de punir. Les uns et les autres aboutissent, ainsi que je crois l'avoir démontré par des faits, à une répression excessive, tantôt en intensité, tantôt en étendue : la doctrine de l'intimidation, par la prédominance de la morale, arrive à démoraliser le justiciable et le législateur lui-même ; la doctrine de l'utilité, en excluant la moralité du code, arrache à la loi criminelle le seul titre que la conscience puisse et doive lui reconnaître.

La formule nouvelle que je propose me semble concilier dans une juste proportion les deux éléments inséparables de moralité et d'utilité, ou si l'on aime mieux, de responsabilité et de défense sociale qui, quoi qu'on dise, doivent se retrouver au fond de toute théorie du droit de punir.

Les mots de *nécessité morale* me semblent résumer assez bien ce droit de moralité sociale, ce besoin de foi publique, qui sont le titre et la mesure du droit de punir.

Toutes les propositions que j'ai formulées, et qui tendent à réduire la répression, à étendre les pouvoirs du juge, à limiter l'effet actuel de la condamnation, ne sont que des conséquences du principe de nécessité morale tel que je le conçois.

En résumé, pour que la société ait le droit de punir un acte, il ne suffit pas qu'elle constate seulement qu'il lui a nui ; il faut encore que l'agent en soit reconnu moralement responsable ; ce sont là, de l'aveu de tout le monde, les éléments les plus intimes, les plus indéniables, de tout jugement de condamnation.

Ce que je propose là n'est donc pas une nouveauté si hardie : au lieu d'aller chercher bien loin, dans des théories plus ou moins discutables, un principe d'incrimination qui se dérobe toujours, nous le trouvons tout organisé, tout vivant, dans un acte social qui est simplement la solution pratique du problème que nous cherchons. Le droit de punir repose donc, absolument comme l'exercice du droit de punir, sur un dommage joint à une responsabilité morale : le raisonnement nous l'avait démontré ; la nature des choses nous le fait voir.

CHAPITRE XII

DEUXIÈME QUESTION : QU'EST-CE QU'UNE PEINE?

Si une langue pouvait être parfaite, elle ne devrait pas contenir un mot qui ne fût la définition précise, complète et exclusive, de la chose ou de l'idée que ce mot désigne. Mais il n'est pas au pouvoir de l'esprit humain de réaliser cette équation, et le mot ne suffit pas toujours pour faire à lui seul concevoir la chose, par la raison qu'en dehors de la portée du langage il y a quantité de nuances, qui sont les acceptions diverses d'un même mot, et un plus grand nombre encore de divergences intellectuelles, c'est-à-dire d'opinions, sur la nature même de l'objet et sur l'idée qu'il faut s'en faire.

Tel est le cas pour le mot « peine », qui dans le langage usuel se prend pour chagrin, douleur, souffrance, regret, difficulté, et qui dans la langue juri-

dique signifie punition, châtiment, expiation, réparation. Quelques-uns même pensent qu'il doit signi-
fier en outre : moralisation du condamné par la
peine et du peuple en général par l'exemple et par
l'intimidation.

Le mot « peine », lorsqu'on en veut chercher le
sens théorique, ne porte donc pas avec soi une idée
déterminée : quand on le prend dans son sens pratique, il représente simplement l'ensemble des procédés de châtiment tels que les a établis la loi positive
actuellement en vigueur. Il en est là comme du mot
« fait punissable », qui dans son sens pratique signifie « fait défini et puni par la loi positive », mais qui
dans son sens théorique ne donne pas ouverture à
moins de divergences que le mot « peine ».

Il est donc nécessaire, préalablement à toute proposition d'un système de pénalités nouvelles, de rechercher un principe nouveau sur lequel on puisse
établir ce système : car un principe ancien ne peut
pas justifier un système nouveau.

Cette recherche ne sera ni difficile ni lointaine du
moment qu'on aura admis avec moi le principe de
nécessité morale, tel que je l'ai déduit, qui me paraît constituer l'élément fondamental du droit de punir. Si la *nécessité morale* est le titre d'autorité qui
donne à la loi le pouvoir de déterminer et de réprimer le fait punissable, comment la détermination de

la peine pourrait-elle avoir d'autre source que cette
même *nécessité morale*, puisque la pénalité n'est
que le mode d'exécution du droit de punir ?

La peine, dans sa nature, dans sa mesure et dans
ses effets, devra donc être déduite, comme l'incrimination, du principe de *nécessité morale*, c'est-à-dire
qu'elle devra satisfaire à la fois aux intérêts de la
société et à ses besoins moraux : de même que l'acte
juridique de répression pris en fait, de même que le
droit de punir pris en théorie, la peine sera composée de deux éléments : premièrement, réparation d'un
dommage social ; secondement, responsabilité morale
à la charge du condamné.

La *nécessité morale* étant ainsi prise pour principe de détermination, les deux éléments dont se
compose ce principe, c'est-à-dire la nécessité et la
moralité, devront suffire à donner complètement et
strictement l'étendue de la peine. La peine devra
être portée aussi loin que le commandera la défense
sociale, jusqu'à la mesure jugée nécessaire pour la
réparation du dommage et pour la responsabilité de
l'agent. Mais elle ne pourra en aucun cas dépasser
cette mesure.

Essayons donc de déterminer, proportionnellement
à cette nécessité morale, ce que devrait être une peine
qui satisfît à la fois aux exigences de la sécurité sociale et aux besoins de la conscience.

La première condition, celle qui est le plus intimement constitutive de la peine, c'est que la peine doit faire souffrir le condamné. Mais pour être évidente et simple, cette condition n'en contient pas moins le problème le plus redoutable du droit de punir, ainsi qu'on en peut juger par les excès auxquels elle a emporté la misérable faiblesse de l'esprit humain.

Les souvenirs que nous en avons évoqués dans la première partie de ce travail nous dispensent de revenir sur ces lugubres folies ; l'enseignement qu'il faut retenir ici de l'histoire de la vieille justice, c'est qu'en fait de crimes, le vertige du bien conduit plus loin encore que ne peut faire le vertige du mal.

Ce qui caractérisait l'ancienne justice, c'était la torture. Au milieu d'un monde où le mal n'avait d'autre frein que la conscience, l'intimidation semblait être le seul moyen de réprimer les crimes, et il n'était pas de supplice qui parût assez affreux pour en attester et pour en inspirer l'horreur. Torture au condamné pour le forcer au repentir, torture à tous les cœurs pour y broyer toute pensée criminelle, telle était la théorie de la peine.

Dans les temps où nous vivons, une peine excessive, loin de donner satisfaction à la conscience publique, ne ferait que la révolter ; loin de soulever

contre le coupable la réprobation qu'il aurait méri-
tée, elle ferait de lui un juste objet de pitié, et au
lieu de s'incliner devant la loi, il faudrait la mau-
dire, car on doit tenir que toute peine reconnue véritablement excessive innocente le condamné et fait
passer le crime sur la tête du juge.

Quelque atroce donc que puisse être un crime, la
peine n'en devra jamais être atroce, et ne pourra en
aucun cas dépasser la mort simple, sans supplice,
sans aggravation, même morale, qui la précède, et
sans exécution qui la suive.

Les blessures, la mutilation d'un membre, la destruction des yeux ou l'ablation de la langue, et tout
acte de châtiment qui pourrait entraîner une infir-
mité passagère ou permanente, ne sauraient constituer des peines légitimes.

Quand on n'aurait à invoquer, pour justifier cette
règle, que le sentiment de l'humanité, c'en serait
assez pour condamner ces horreurs : mais la raison,
ainsi qu'il arrive toujours quand on sait l'interroger
à propos, s'accorde ici avec le sentiment, comme
nous le ferons voir plus loin lorsque nous traiterons
de la limite d'action d'une peine.

Bien qu'on ne traîne plus le corps des suppliciés
sur une claie, qu'on ne laisse plus des pendus pourrir
au gibet, et qu'on ait aboli le procès au cadavre des
suicidés, il n'en reste pas moins encore, dans plus

d'une législation, des traces de cette barbarie. En France, il n'y a pas déjà si longtemps que le parricide avait le poing coupé avant d'être mis à mort. A l'heure qu'il est, en exécution de l'article 13 du code pénal, il doit être « conduit sur le lieu de l'exécution, en chemise, pieds nus, et la tête couverte d'un voile noir », et « il sera exposé sur l'échafaud, pendant qu'un huissier fera au peuple lecture de l'arrêt de condamnation ». Aux termes de l'article 14 du même code, « les corps des suppliciés seront délivrés à leurs familles, si elles le réclament, à la charge par elles de les faire inhumer sans aucun appareil ».

Tout en reconnaissant la haute décence de cette disposition, il faut avouer que la main de la justice s'étend là sur un cadavre qui, en bonne théorie du droit de punir, ne lui appartient pas. Quant à l'appareil d'exécution du parricide, il me semble constituer une aggravation de la peine de mort, et la peine de mort étant la peine suprême, je ne crois pas, je le répète, que nous ayons le droit de l'aggraver.

Ainsi la peine, il n'y a pas de doute là-dessus, ne doit pas être atroce, mais encore faut-il qu'elle soit suffisante toujours, sévère souvent, rigoureuse s'il le faut. Il faut que le condamné souffre : mais jusqu'à quel point sera-t-il possible de porter ses souffrances sans qu'elles arrivent jusqu'à l'atrocité ?

Rien qu'à l'énoncé de cette question on se sent frissonner et on est pris de cette épouvante que je voudrais voir à tous les cœurs chaque fois qu'il s'agirait du droit de punir. Voilà le patient, il faut qu'il souffre : quel genre de douleur allons-nous lui infliger ?

Si la question avait pu se poser ainsi devant le premier qui fit une loi pénale, le monde n'aurait pas vu les horreurs judiciaires dont nous avons esquissé le tableau. La malheureuse nécessité des choses, renforcée du penchant à l'imitation et de la soif du sang naturels à l'homme, a tout établi sur la double autorité de la religion et de la tradition. C'est donc en elle-même et toute considération de précédents et même d'actualité à part, que nous devons examiner cette question.

§ 1er. DES PEINES CORPORELLES.

Quand on cherche à se représenter sous sa forme la plus naturelle l'idée de la peine, ce qui s'offre tout d'abord c'est, d'une part, le talion, de l'autre, les châtiments corporels.

Tout a été dit sur le talion, qui est d'ailleurs impraticable dans la plupart des cas, et qui, même en théorie, ne donne pas toujours une peine équitable-

ment correspondante au délit. Il me semble donc
oiseux d'y insister, tout le monde étant d'accord que
la peine du talion n'est plus de celles qui se dis-
cutent.

Pour ce qui est des coups, en dépit du mouvement
très marqué de réprobation qui s'est élevé contre
cette peine, surtout dans les pays de langue française, je considère la question comme beaucoup
moins facile à juger.

Ce genre de châtiment est, à l'heure qu'il est, pratiqué à l'état légal chez les Russes, les Allemands, les
Anglais, qui sont, on en conviendra, des peuples
humains et éclairés. Chez nous, il n'y a pas bien
longtemps qu'il était réglementaire dans la marine.
La bastonnade fait encore partie des peines disciplinaires applicables aux forçats. Légal ou réglementaire, le châtiment corporel n'en existe donc pas
moins actuellement chez les peuples les plus civilisés, nous compris. Voilà la vérité.

Ajoutons que la correction manuelle, qui est aussi
un châtiment corporel, s'exerce dans toutes les familles, à toute heure, dans le monde entier, comme
elle s'est toujours exercée ; partout on fouette les enfants sans que personne y trouve à redire, et pourtant ces coupables-là sont, au point de vue de la loi
pénale, aussi faibles qu'innocents.

Il est un peu tard, je dois le reconnaître, pour

tenter de faire reculer l'opinion publique qui semble, en France, arrêtée sur la question.

Cependant je ne puis pas m'empêcher de dire, et avec une conviction profonde, que si les gens du monde et même les théoriciens du criminalisme pouvaient se rendre compte de ce que la prétendue humanité de notre système pénitentiaire produit de souffrances et de dégradations physiques et morales ; s'ils savaient ce que quinze jours d'emprisonnement laissent de misère et de honte dans une famille pauvre ; s'ils voulaient savoir que les supplices et la torture, qu'on croit abolis, règnent en réalité, sous forme de règlements disciplinaires, dans nos pénitenciers et dans nos maisons centrales, l'idée d'un châtiment corporel qui, après quelques minutes de souffrance, rend à son travail et à sa vie l'homme tout entier, leur paraîtrait cent fois plus humaine que cette humanité douceâtre de l'emprisonnement et de l'amende. Pour ménager la sensibilité de parade de quelques philanthropes, on fait souffrir à des milliers de malheureux plus de mal souvent qu'ils n'en ont fait et, neuf fois sur dix, on les démoralise pour le restant de leurs jours.

Je ne me dissimule pas à quels chocs je m'expose en osant, à l'heure où j'écris, soutenir une pareille thèse, mais j'ai vu ces souffrances, je les ai appliquées et administrées moi-même, et je réclame le droit d'en tirer mes conclusions, de même que le professeur de chirurgie, lorsqu'il veut appuyer sa doctrine, en atteste les résultats de ses opérations.

La privation de la liberté se justifie pendant l'information de certaines affaires graves, à simple titre de sûreté pour tenir le prévenu sous la main de la justice. Comme moyen de répression elle constitue, quand on ne l'aggrave pas outre mesure par un régime ou des procédés de contention abusifs, une souffrance physique et morale qui a le grand avantage pratique de pouvoir être presque indéfiniment proportionnée à la gravité du délit. Mais dès qu'on se place hors du cas de l'emprisonnement pur et simple, il s'élève une foule de questions et il se trouve beaucoup de réserves à faire. Nous ne reviendrons pas ici sur ce que nous avons dit à ce sujet dans notre préface ; le lecteur pourra s'y reporter.

L'emprisonnement, cela est inévitable, doit comporter plusieurs degrés, puisque l'échelle en varie depuis l'emprisonnement de simple police jusqu'aux travaux forcés.

Il n'y a pas de difficulté à poser en principe que les aggravations de cette peine ne peuvent excéder une certaine mesure. Ainsi c'est une condition essentielle que le prisonnier ne puisse aller et venir comme il lui plaît ; mais évidemment, à part les moyens exceptionnels de contention indispensables pour le maintenir s'il se révolte, on ne peut le réduire d'une manière permanente à l'immobilité.

On a le droit, par les mêmes raisons, de le séquestrer, même dans un cachot obscur, mais on ne peut pas l'y tenir continuellement.

On peut le priver de lumière à certaines heures, mais non le faire vivre dans l'obscurité. De même on ne peut pas lui bander les yeux pour l'empêcher d'y voir, lui boucher les oreilles pour l'empêcher d'entendre, lui mettre un bâillon pour l'empêcher de parler. On n'a pas plus le droit de faire cela que de le priver absolument de nourriture, quoiqu'on puisse très légitimement, selon moi, lui imposer à titre de peine un certain nombre de jours de jeûne, ainsi que cela se pratique en Suède et en Allemagne.

L'emploi des fers ou des chaînes, sous quelque forme qu'il ait lieu, ne saurait en aucun cas être admis à titre de moyen permanent d'exécution de la peine : tout au plus pourrait-on provisoirement le tolérer, faute de mieux et en attendant que les prisons soient installées en vue de ces nécessités accidentelles, comme moyen de contention à l'encontre des prisonniers indociles ou dangereux.

La règle du silence, avec la rigueur qu'elle garde dans les maisons centrales, est un véritable supplice. On l'impose aux détenus pour faciliter la surveillance et l'ordre dans les salles où ils sont réunis. C'est là toute une peine qui, à elle seule, tant par ce qu'elle a de cruel que par ses conséquences pour la santé des détenus, est aussi redoutée d'eux que l'emprisonnement en lui-même.

Cette mesure, avec les affreux moyens de discipline pratiqués dans les maisons centrales, est un des nombreux exemples de ces abus administratifs qui, d'empiètements en empiètements, arrivent à détruire dans l'application les principes les plus essentiels des lois. Neuf fois sur dix, c'est une question d'économie qui force les directeurs des établissements à suppléer par l'intimidation à l'insuffisance des locaux ou du personnel. Mais nous n'avons pas à nous occuper de cela : les questions d'humanité, le respect de la loi, ne peuvent pas dépendre d'une question d'argent.

Les effets désastreux de l'emprisonnement en commun ont rendu à peu près évidente la nécessité d'isoler les prisonniers. Devant cette évidence, il me paraît jugé que l'emprisonnement en commun, par la corruption inévitable à laquelle il livre le condamné, doit être considéré comme un crime social.

C'est donc un devoir d'y renoncer : mais voilà qu'un groupe de philanthropes, s'armant de faits constatés dans d'autres conditions que celles où on propose d'établir le régime cellulaire, dit que la société n'a pas le droit de soumettre les condamnés à ce régime, parce que la raison ni la vie n'y peuvent résister.

Cette question a été assez percée à jour pour qu'il soit superflu d'y revenir. On peut affirmer, et cela en s'appuyant sur une expérience continuée depuis plus de trente ans en Suède, en Norwège, et même dans plusieurs prisons en France, que le régime cellulaire, tempéré par le travail et par des communications continuelles avec des personnes de choix, est non seulement supporté, mais préféré et réclamé par les détenus. L'administration française est depuis longtemps fixée sur ce point, et si les énormes dépenses nécessitées par la construction des maisons cellulaires n'avaient pas retardé cette réforme, elle serait déjà faite. Elle est d'ailleurs adoptée officiellement en principe.

Tenons donc pour assuré que l'isolement peut, sans excéder les devoirs de l'humanité, être introduit dans les prisons à titre de régime permanent.

Le travail forcé, avec ou sans salaire, est encore un mode de châtiment qui ne se discute pas. Il ne doit pas être poussé jusqu'à l'épuisement, mais la fatigue, le dégoût, l'ennui, y peuvent être attachés sans aucun doute, puisque les honnêtes gens eux-mêmes y sont exposés dans le travail libre.

Une certaine mesure de risque ou même de danger n'aurait rien qui excédât le droit de punir. Quand on emploierait les condamnés au travail des mines, au dessèchement des marais insalubres, ou à certaines industries dangereuses ou malsaines, je crois que ce serait plus juste que de laisser exposés à tant de causes de destruction le nombre immense des ouvriers honnêtes qui travaillent là faute de mieux. Les balayeurs, les égoutiers, les vidangeurs, les chauffeurs d'usine, de même que les mineurs, les carriers, les casseurs de pierre, devraient être des condamnés, tandis que les honnêtes gens verraient rentrer entre leurs mains les travaux très doux qu'on fait actuellement exécuter dans les maisons centrales, au grand préjudice du travail libre, qui ne peut pas lutter contre cette concurrence. A plus forte raison devrait-on employer les condamnés à l'exécution de tous les travaux publics.

Tout ce que nous venons de dire au sujet des conditions, en quelque sorte physiologiques, de l'emprisonnement, peut se résumer en ce que cette peine, tout en confinant la liberté du condamné dans un espace limité, ne peut ni être accompagnée de tortures, ni priver l'homme de l'exercice de ses fonctions de relation par les sens ou le mouvement, pas plus qu'elle ne peut le priver continuellement de nourriture. Toutes ces fonctions sont nécessaires à la vie, et un emprisonnement qui les supprimerait en tout ou en partie ne serait qu'un long assassinat.

§ 2. DES PEINES PÉCUNIAIRES.

En ce qui touche les peines pécuniaires ou consistant en prestations de produits quelconques, le droit de punir doit rencontrer là, comme dans l'application des peines corporelles, certaines limites qui ne sauraient être dépassées.

Il n'est pas douteux que des privations, une gêne étroite, peuvent, sans excès, être imposées au condamné pour l'acquittement des amendes et autres condamnations par lui encourues.

Quand l'effet devrait aller jusqu'à l'appauvrir, il n'y aurait rien là qu'une juste conséquence du mal qu'il a commis. Mais il en faudrait dire autrement d'une peine pécuniaire qui serait de proportion à le ruiner et à le plonger dans la misère. S'il est vrai qu'une peine temporaire ne doit pas, ce que je me réserve d'établir plus loin, avoir des effets perpétuels, à plus forte raison en doit-il être de même à l'égard d'un condamné que le juge n'a pas trouvé assez coupable pour lui infliger une peine corporelle.

Ce principe et cette considération suffiraient ; mais quand on refuserait d'y avoir égard, la misère et la ruine, étant au premier rang des plus grands maux de la vie, constitueraient un châtiment excessif et barbare : c'est ce qu'ont reconnu tous les peuples vraiment civilisés, en abolissant la confiscation des biens. Les pénalités pécuniaires ou prestatoires ne peuvent donc être élevées au delà d'une certaine mesure que la loi devra limiter.

Il est à peine besoin de remarquer que ce principe ne saurait en aucun cas s'appliquer aux dommages ni aux restitutions, qui ne sont pas des peines, mais la réparation pure et simple du préjudice causé aux particuliers ou à l'État.

§ 3. Des peines personnelles.

Les peines qui frappent le condamné dans la possession ou dans l'exercice de ses droits de citoyen, et qu'on pourrait appeler personnelles, me paraissent à l'abri de toute critique. Rien de plus logique et de plus juste, quand un citoyen a commis certains actes punissables entachant son honneur ou sa probité, que de le priver des droits civiques, civils et de famille, tels que les énumèrent les art. 8 et 42 du code pénal français.

La peine de l'éloignement d'un lieu déterminé (art. 229 du même code) n'est pas moins légitime.

Il en est de même pour la confiscation ou la destruction des instruments du délit ; pour la suppres-

sion d'un écrit ou d'un journal condamné; pour la
fermeture d'un établissement en contravention; pour
l'interdiction d'exercer dorénavant certains com-
merces de bonne foi, tels que la joaillerie ou la
bijouterie.

Le principe de toutes ces peines me semble irré-
prochable. Mais nous aurons à examiner, lorsque
nous traiterons de la durée des peines, la question de
savoir si celles-ci peuvent être perpétuelles.

§ 4. DE L'INFAMIE PÉNALE.

Nous devons examiner ici, à titre de peines personnelles, des aggravations pénales qui constituent
véritablement tout un ordre de pénalités distinctes.
Je veux parler du caractère afflictif ou infamant
attaché à certaines peines.

J'ai déjà, au sujet du droit d'incrimination, exposé
les raisons et les faits qui me paraissent condamner
cette flétrissure juridique ajoutée à la peine effective. Sans répéter ici ce que j'ai dit au point de vue
général du droit de punir, j'ajouterai quelques observations qui touchent plus directement à la question
particulière de la légitimité de la peine.

Nul doute que l'humiliation et la honte ne doivent
être l'effet de toute condamnation : c'est par là, plus

peut-être encore que par ses souffrances, que le condamné sert d'exemple au peuple, et c'est par là surtout que le repentir lui vient, s'il doit venir. Il n'y a donc rien de plus salutaire pour lui-même et pour autrui.

Mais ici comme toujours, c'est à la condition de ne pas pousser les choses à l'excès. Sans doute il faut que la peine donne, par sa sévérité, une juste satis-faction à la conscience publique et aux intérêts sociaux, mais il ne faut pas qu'un excès de rigueur puisse arriver à produire un mal au lieu du bien qu'on cherche. Une restriction, une suspension, une déchéance, voilà la mesure des abaissements qu'on peut infliger au condamné : que l'humiliation et la honte en soient la conséquence pour lui, rien de plus propre à le moraliser. Mais il ne faut pas que la peine fasse de lui un désespéré en lui infligeant une dégradation ineffaçable, une infamie perpétuelle. Il faut lui laisser un intérêt à se régénérer si on veut qu'il en ait quelque chance et quelque envie : mais s'il est infâme à tout jamais, à quoi bon ?

On répond qu'en l'état de nos lois, la réhabilitation lui est ouverte : mais, outre qu'il serait bien plus simple de ne pas ajouter l'obstacle de l'infamie juri-dique à tous ceux que l'opinion et la conscience pu-bliques mettent en travers de sa rentrée dans le monde, n'y a-t-il pas quelque chose d'incohérent à voir la même justice qui a déclaré un citoyen à jamais infâme, lui rendre l'honneur sur la foi de quelques certificats administratifs? La loi, en se montrant si facile à restituer l'honneur, ne semble-t-elle pas désavouer dans une certaine mesure l'arrêt par lequel elle l'avait ôté ?

L'honneur n'est pas une chose qu'on puisse ainsi prendre ou rendre à point nommé : il ne dépend d'aucun pouvoir : l'opinion et la conscience publiques en sont les seuls arbitres ; la loi, qui n'y a point d'autorité, ne doit pas entreprendre de le régir.

Plus on considère la faiblesse et la variabilité des hommes, plus on voit combien il est dur et téméraire de prétendre édicter contre eux des châtiments impitoyables et éternels. L'objet de la peine est de réparer le mal, d'en empêcher le retour, et de plus, s'il est possible, de ramener le coupable au bien ; mais la loi pénale ne doit pas aller plus loin, et la répression fait plus de mal que de bien quand, en échange du coupable qu'on lui donne à guérir, elle rend un corps sans âme, ou du moins n'ayant plus qu'une âme mutilée et hors de service.

Des raisons et des sentiments du même ordre ont fait abolir depuis longtemps déjà les peines scandaleuses ou immorales qui abondaient dans l'ancienne justice. Promener des coupables nus, fouetter publiquement des femmes ou les livrer aux outrages, exposer les condamnés au pilori, constituait autant de scandales qui avaient pour effet de démoraliser tout aussi bien les spectateurs que le patient lui-même.

Comme dans tous les cas où une idée a fini par triompher de l'erreur qui l'avait opprimée, il reste de ces infamies un principe : c'est que la peine ne doit jamais être ni démoralisante ni scandaleuse dans ses actes d'exécution.

§ 5. DE L'EXIL.

L'éloignement d'un lieu déterminé, l'interdiction de séjour dans tel ou tel lieu, ne me semblent rien présenter qui soit en opposition avec ces droits essentiels de la vie que le droit de punir doit respecter. Forcer un coupable à se retirer d'un lieu où sa présence est un danger ou un scandale est une mesure d'autant plus légitime, que l'intérêt bien entendu de ce coupable lui-même s'accorde ici avec la sécurité sociale. Quand l'état militaire, les fonctions publiques, les devoirs personnels et même les simples affections, obligent continuellement les honnêtes gens à des changements de résidence, l'homme qu'on force à se déplacer en punition d'un mal par lui commis envers la société n'a pas le droit de se plaindre.

Mais si la société a le droit d'interdire ou d'imposer une résidence au condamné, a-t-elle celui de l'exclure, pour un temps ou à toujours, du territoire national ?

L'exil et le bannissement, il faut bien le reconnaître, ont toujours été et sont encore à peu près universellement édictés par les lois répressives. En présence d'une pratique si constante et si unanime, justifiée d'ailleurs par la simplicité et la facilité de cet expédient, ne reste-t-il qu'à s'incliner ?

On pourrait le croire si les mêmes arguments de tradition et d'utilité n'avaient pas été invoqués de même pour justifier les affreux supplices qui, pendant tant de siècles, ont ensanglanté le monde et déshonoré le droit de punir : mais s'il est vrai que ce pouvoir ne soit pas indéfiniment arbitraire et absolument irresponsable, s'il existe dans le droit naturel et dans le droit des gens des principes inviolables et placés au-dessus et en dehors de la portée des lois sociales, la question prend un autre aspect.

Quand on considère ce qu'exprime le mot de patrie, on voit que ce mot embrasse toutes les affections et tous les intérêts.

Qu'on y songe donc bien : dès qu'un homme a franchi la frontière du sol natal, si c'est sans espérance d'y revenir jamais, que lui reste-t-il ? Famille, amis, carrière, passé, présent, avenir, il a tout perdu. Il n'appartient plus à aucune nation, il n'a plus de droits, plus même de devoirs; il n'est plus citoyen. Errant et inconnu, il peut parcourir toute la terre sans jamais trouver un foyer où il ait le droit de s'asseoir. Il ne peut invoquer aucune loi, aucun statut personnel : il est étranger partout, et la police, qui demain peut-être l'arrêtera ou l'expulsera comme suspect, est le seul recours qui lui reste dans son abandonnement.

Le déshonneur, la ruine, l'isolement, la séparation de tout ce qu'on aime, et cela pour toujours, voilà qui fait de l'exil la peine la plus épouvantable peut-être qu'on puisse faire subir à un homme. Chacun de ces effets suffirait déjà selon moi pour la faire abolir, et je n'aurais, pour le démontrer, qu'à m'en référer à ce que j'ai dit au sujet de la mesure limitative des peines.

Mais des principes d'un ordre plus élevé paraissent dominer la question et ne pas laisser la moindre place au doute. Du moment qu'on reconnaît, ainsi que cela semble acquis, que le droit de punir n'est pas absolument illimité et irresponsable, il s'ensuit qu'il y a dans la vie certains biens tellement essentiels à l'existence de l'individu, que la peine même ne doit pas les atteindre : la patrie en est un; rejeter un citoyen hors de la patrie, c'est en réalité le supprimer, et la peine de mort peut seule aller jusque-là.

La loi est faite pour résoudre les difficultés sociales, pour les trancher au besoin, comme dans le cas où la mort d'un homme est reconnue nécessaire, mais elle ne doit pas, je le répète, remplacer la solution d'un problème par la suppression d'un citoyen.

De même qu'un père de famille n'a jamais le droit de chasser de la maison paternelle l'enfant qu'il n'aura pas pu ou su élever convenablement, de même la société n'a pas le droit de repousser de son sein un citoyen, sous prétexte qu'elle ne sait comment le réduire : elle doit trouver le moyen de le réduire, elle a tous les pouvoirs pour cela.

Quand on voit, par exemple, les miracles de police et de fiscalité que la loi sait accomplir pour suivre une goutte d'alcool depuis le grain de raisin, d'où elle sort, jusqu'au gosier de l'ivrogne, où elle s'engouffre, on n'admet plus qu'une difficulté de surveillance ou de répression, quelle qu'elle soit, puisse autoriser ou excuser une peine aussi exorbitante que celle de l'exil.

Grâce à Dieu, nous n'en sommes plus à ces théories sauvages en vertu desquelles on considérait le coupable comme hors la loi, et la société comme dégagée de tout lien et de toute obligation à son égard : si gravement qu'un homme ait enfreint les lois répressives de son pays, il n'en a pas moins, pendant tout le passé de sa vie, régulièrement pris sa part des charges et des devoirs communs ; il n'en redeviendra pas moins, après l'expiration de sa peine, un membre actif de la société. Rien qu'au point de vue du pacte social, donc, on reste en compte avec lui, et il n'est pas jusqu'à la répression qu'on lui applique dont il n'ait fourni, par son travail et par son impôt, une part contributive.

Quant à sa patrie, c'est un bien qui fait partie intégrante et insaisissable de sa personne, car son âme et son corps l'ont bue et respirée depuis qu'il est au monde ; il ne la tient ni de la loi ni de la société, mais de la nature et du Créateur, et la mort seule a le droit de l'en séparer.

Si l'on considère la question au point de vue des relations de peuple à peuple, peut-on admettre que les nations aient le droit de s'infecter mutuellement en rejetant sur leurs territoires respectifs des nationaux jugés tellement dangereux que la mère-patrie n'ose pas les tolérer dans son sein ? Au-dessus de l'intérêt des nations, il y a l'intérêt de l'humanité, de la morale.

Il y a de plus l'intérêt de la sécurité : on voit, aux attentats et aux conspirations dont nous sommes incessamment épouvantés, que loin de rendre les criminels moins dangereux, l'exil les rend à la fois plus audacieux et plus puissants. Rien qu'au point de vue de la politique on peut donc affirmer que l'exil, avec l'extension de plus en plus abusive qu'on a donnée au droit d'asile, est pour une très grande part dans le développement du socialisme et de l'assassinat politique.

§ 6. Principe de la limitation actuelle.

J'arrive maintenant à un principe qui me semble se dégager naturellement de l'ensemble des considérations développées plus haut au sujet de la règle *non bis in idem,* de la récidive, de la mutilation et des actes de profanation autrefois pratiqués sur des cadavres.

S'il est vrai, comme je l'ai avancé à propos de la récidive, que l'effet de la peine ne doive ni remonter dans le passé, ni se prolonger dans l'avenir d'une façon intermittente ou continue, on est amené à formuler un principe général : c'est que l'action de la peine n'en doit point dépasser la durée. C'est ce que je proposerais d'appeler « le principe de limitation actuelle ».

Laissons de côté, pour quant à présent, les questions qui peuvent s'élever au sujet des conséquences attachées dans certains cas à certaines condamnations, mais prenons la peine principale, celle dont la durée ou l'intensité aura été fixée par le jugement : du moment que cette peine est limitée à un certain temps ou à une certaine mesure, elle ne peut se continuer au delà sous une autre forme.

Quand le législateur a fixé la mesure d'une peine, cette mesure est légalement suffisante pour la répression : tout ce qui pourrait avoir pour effet d'en étendre, d'en prolonger ou d'en perpétuer l'action, est manifestement injuste.

C'est par suite du même principe né du même sentiment, que tous les peuples civilisés ont aboli la marque ou flétrissure qu'on imprimait sur le corps de certains condamnés et qui y restait comme un stigmate ineffaçable. Sous l'empire des théories d'infamie pénale qui régnaient autrefois dans toute leur rigueur, cette pratique abominable n'était que le signe visible de l'infamie attachée à l'âme du condamné, mais aujourd'hui que ces théories ont perdu presque tout crédit, personne ne songerait à défendre la marque.

Il ne faut pas se dissimuler que l'institution des casiers judiciaires, qui est d'ailleurs d'une incontestable utilité pour la recherche des antécédents des prévenus, tend, dans une mesure peut-être dangereuse, à constituer une sorte de flétrissure perpétuelle contre les condamnés.

Un moment on a failli se laisser entraîner à une pratique qui n'allait à rien moins qu'à devenir l'équivalent de la marque : c'était de joindre à chaque bulletin du casier judiciaire la photographie du condamné. On a fort heureusement reculé devant les conséquences de cette innovation.

Il est vrai que la police fait habituellement photographier les récidivistes dangereux, de même que, dans certaines informations criminelles, on recourt au même moyen pour arriver à la découverte du coupable, mais c'est là un moyen de recherche qui n'a rien qu'on puisse critiquer au point de vue de la question qui nous occupe.

Sous le régime du code pénal de 1810, la surveillance de la police suivait à perpétuité tout condamné aux travaux forcés, à la détention ou à la reclusion, après qu'il avait subi sa peine ; s'étendait sur le banni pendant un temps égal à la durée du bannissement qu'il avait subi ; était appliquée aux condamnés pour crimes ou délits intéressant la sûreté intérieure ou extérieure de l'État ; enfin était édictée comme peine accessoire dans un grand nombre de cas.

Sous le régime du code pénal de 1810, la peine de la surveillance avait pour effet d'obliger le condamné à résider dans certains lieux, pour s'y présenter chaque semaine devant l'autorité. Il lui était interdit de quitter, sans en avoir obtenu l'autorisation, sa résidence, tandis que l'administration avait toujours le droit de l'en faire sortir pour en aller prendre une autre. Le législateur du code de 1810 avait pensé que cette mesure constituerait un excellent moyen de surveiller les malfaiteurs, puisqu'elle les forçait à rester, pour ainsi dire, sous la main de la justice.

Mais faute d'avoir tenu compte de la réalité pratique, on ne pouvait manquer d'arriver à des résultats précisément contraires à ceux qu'on avait attendus, et c'est ce qui n'a pas manqué. A moins d'attacher jour et nuit un gendarme à la personne de chaque surveillé, quelle action pouvait-on avoir sur lui en dehors des quelques minutes où il comparaissait en personne au bureau de police? Tout le reste du temps il pouvait commettre toute sorte de méfaits. D'un autre côté, s'il voulait essayer d'obtenir du travail, dès que sa position était connue, personne ne voulait lui en donner, et il ne lui restait d'autre choix que de mendier ou de voler.

Tout cela, qui était certain d'avance, s'est réalisé de point en point. Mais il a fallu soixante-cinq ans pour que la société se décidât à se rendre à ses propres arguments : car tout le monde était d'accord là-dessus. Ce qu'il y a de plus cruel à penser, c'est que, sans aucun doute, si nous n'étions pas au pouvoir d'un gouvernement démocratique, et si parmi les condamnés à la surveillance il ne s'était pas trouvé des malfaiteurs auxquels certains partis s'intéressent, parce que ces malfaiteurs avaient été condamnés pour crimes ou délits politiques, jamais personne au monde ne se serait avisé de demander l'abolition de la surveillance.

La leçon qui sort de cette histoire, c'est que, quelle que soit la ténacité des idées fausses, les vérités contraires finissent toujours par triompher. Sans doute on ne peut se dissimuler qu'elles ne doivent cette fois leur triomphe à des alliés bien suspects, mais il n'en reste pas moins que l'humanité légale a fait un pas en avant, et c'est ce qui importe.

Devant le fait de son abolition, nous aurions pu passer sous silence une peine qu'il n'y a plus lieu de discuter. Mais au moment où nous nous efforçons de dégager et de justifier par des faits la limitation actuelle de la peine, nul fait ne pouvait mieux mettre en évidence le principe de droit et d'humanité que nous avons énoncé au commencement de ce paragraphe en disant que « l'action de la peine n'en doit point dépasser la durée ».

La loi du 27 mai 1885 a substitué à la surveillance l'interdiction de séjourner dans certains lieux. Cette peine, qui équivaut à celle de l'éloignement d'un lieu déterminé, que le code pénal édicte en certains cas, et dont nous avons reconnu la légitimité (voir pages 239 et 243), n'a rien de contraire aux principes du droit naturel ou social. Comme efficacité, il faut croire que le législateur républicain n'en a pas eu grand souci, car avec la facilité de déplacement que donnent les chemins de fer, l'interdiction de séjour n'empêchera pas plus de venir dans une ville que la surveillance n'empêchait naguère d'en sortir.

On peut, par des opérations intellectuelles rigoureusement exactes, justifier à peu près toute théorie légale qu'on voudra établir : mais si cette théorie est contraire à une idée vraie, au lieu du bien qu'on a cru semer on récoltera le mal.

Et c'est là le signe infaillible de l'erreur : quelque bonne que soit l'intention, quelque justes et logiques que puissent paraître les raisonnements et les motifs, si le résultat est un mal, il n'y a plus à discuter : l'homme s'est trompé, l'acte est mauvais.

Si, comme j'en suis convaincu, le principe de limitation actuelle de la peine doit être tenu pour inviolable, une autre conséquence en serait que dans aucun cas la peine ne pourrait se ranimer, en quelque sorte, ni, à plus forte raison, se transformer en une peine autre que celle qui a été prononcée par le jugement de condamnation. C'est cependant ce qui arrive, aux termes des articles 33 et 229 du code pénal français, dans les cas de condamnation au bannissement et à l'éloignement d'un lieu déterminé :

L'art. 33 dispose : « La peine du bannissement con-

siste à être transporté, par ordre du gouvernement,
hors du territoire de la république. La durée du bannissement est de cinq années au moins et de dix années au plus.

« Si le banni, avant l'expiration de sa peine,
rentre sur le territoire de la république, il sera, sur
la seule preuve de son identité, condamné à la détention pour un temps au moins égal à celui qui restait
à courir jusqu'à l'expiration du bannissement, et qui
ne pourra excéder le double de ce temps. »

L'art. 229 dispose : « Dans l'un et l'autre des cas
exprimés en l'article précédent, le coupable pourra
de plus être condamné à s'éloigner, pendant cinq à
dix ans, du lieu où siège le magistrat, et d'un rayon
de deux myriamètres. Cette disposition aura son
exécution à dater du jour où le condamné aura subi
sa peine. Si le condamné enfreint cet ordre avant
l'expiration du temps fixé, il sera puni du bannissement. »

La première de ces dispositions a pour effet de
transformer une peine simplement afflictive et de
dix années de durée au plus, en une peine afflictive
et infamante. La seconde est encore plus exorbitante :
il en résulte qu'un individu condamné, pour outrage
à un magistrat, à une simple amende, mais avec
condamnation à s'éloigner du lieu de résidence du
magistrat, peut très bien, s'il enfreint l'ordre d'éloi-

gnement, être condamné d'abord au bannissement, peine afflictive ; puis, s'il enfreint le bannissement, être condamné à vingt ans de détention, peine afflictive et infamante : tout cela pour avoir, dans l'origine, outragé un magistrat qui peut être un commissaire de police ou un suppléant de juge de paix.

Ne suffit-il pas d'énoncer un pareil résultat pour faire voir à quels écarts la loi peut être entraînée quand elle part d'un faux principe ? Sans doute il est vrai d'une manière générale qu'il ne doit pas dépendre d'un condamné de subir ou de ne pas subir sa peine, et que force doit rester à la loi : mais cette considération ne peut pas aller jusqu'à étouffer les principes essentiels du droit de punir. Si l'on n'avait pas été convaincu par les raisons que j'ai fait valoir, la conséquence monstrueuse que je signale doit faire voir jusqu'à l'évidence combien est juste et nécessaire ce principe de limitation actuelle de la peine, tel que je l'ai formulé au commencement de ce paragraphe.

§ 7. Irresponsabilité du condamné quant a l'exécution de sa propre peine.

Ces conclusions ne sont d'ailleurs pas les seules que nous ayons à tirer des dispositions des articles

33 et 229. Il y a en effet beaucoup à dire sur la légitimité des peines attachées par la loi au fait de se soustraire aux effets d'une condamnation. On ne punit pas l'évasion en elle-même, parce qu'on reconnaît que l'homme privé de sa liberté, même par une condamnation juste, use d'un droit naturel en cherchant à s'évader : et pourtant dans ce cas la société s'était chargée d'exécuter la peine qu'elle avait prononcée.

Mais a-t-elle droit, quand elle édicte une peine qu'il n'est pas en son pouvoir de faire subir, d'obliger le condamné à s'en faire l'exécuteur contre lui-même, et peut-elle fonder un droit de punir sur la désobéissance de ce condamné ? Cette question, que j'avais déjà posée dans les mêmes termes au cours de mes travaux précédents sur la loi pénale [1], me paraît porter avec elle sa réponse.

Quand la loi ne peut pas exiger que le condamné se serve à lui-même de geôlier, quand elle reconnaît au détenu le droit de s'évader pourvu qu'il ne commette aucun bris de prison, comment prétendre obliger le banni, qui est libre, de maintenir lui-même une barrière à la nostalgie du sol natal ? Sans doute c'est plus commode, et la police des frontières est allégée par là d'un soin difficile. Mais

---

[1] V. *Les Lois pénales de la France*, tome Ier, p. 23.

je répéterai ici ce que j'ai dit plusieurs fois : le code pénal est fait uniquement pour réprimer, dans les limites de la nécessité morale, des infractions déterminées : il n'est pas fait pour suppléer, par des pénalités arbitraires et abusives, à l'insuffisance de l'administration ou de la police.

Si ce que je viens de dire est reconnu vrai, nous aurons à reconnaître encore un nouveau principe, savoir : que la loi n'a pas le droit d'obliger un condamné à se faire l'exécuteur de sa propre condamnation, et ne peut dès lors le punir parce qu'il s'y sera dérobé.

Le même principe devra faire écarter la peine de la réparation à laquelle on peut, dans l'état actuel de nos lois, condamner l'offenseur. Cette peine ne pouvant s'exécuter que par un acte volontaire auquel on ne peut pas contraindre matériellement le condamné, est inexécutable, et par suite illégitime.

S'il n'est pas juste d'obliger un condamné à se faire l'exécuteur de sa propre peine, sera-t-il juste de faire varier la peine, de l'aggraver même, par suite du fait d'un tiers ?

Quelque paradoxale que puisse paraître cette question, elle s'est pourtant présentée, et elle a été résolue, par une ordonnance royale du 2 avril 1817, dans le sens de l'affirmative. Des nations voisines ayant refusé de recevoir des Français condamnés au bannissement, cette ordonnance décida que « les individus condamnés au bannissement seraient transférés à la maison de Pierre-Châtel et y resteraient pendant la durée de leur ban, à moins qu'ils n'obtinssent la faculté de résider en pays étranger ».

Il n'est pas besoin de longs raisonnements pour faire voir combien une pareille décision est arbitraire et injustifiable. Peut-on admettre qu'après un jugement définitif qui a appliqué la peine attachée à l'infraction par le code pénal, le refus d'admettre un banni, fait absolument indépendant soit de la volonté du condamné, soit de l'autorité du jugement, puisse avoir pour effet de transformer en détention la peine de bannissement prononcée par le juge?

Ici encore, comme de tant d'autres abus, un principe se dégage par opposition, et il reste établi que la nature de la peine, pas plus que son exécution, ne peut varier par suite du fait d'un tiers; que le jugement seul en peut être la source et la règle.

L'ordonnance du 2 avril 1817 nous donne encore l'occasion de rappeler un principe sur lequel repose la légalité même de la répression: c'est que nulle peine ne peut être instituée qu'en vertu d'une loi. En substituant la peine de la détention dans une forteresse à celle du bannissement prononcée par le jugement, l'ordonnance de 1817 a usurpé un pouvoir qui n'appartient qu'à la loi.

Le principe est important à retenir. L'administration abuse trop souvent de son omnipotence pratique pour bouleverser, dans l'exécution des peines, tous les principes de la loi. Il serait à désirer que la loi, et non pas l'arbitraire des bureaux, déterminât d'une manière précise et invariable le régime de chaque peine.

Tous les législateurs modernes ont reconnu que les mineurs, les vieillards, devaient être l'objet de dispositions spéciales : les mineurs, à cause de leur défaut de discernement; les vieillards, en considération de leur affaiblissement, qui ne leur permettrait pas de supporter des peines par trop rigoureuses. La faiblesse du sexe a fait établir en faveur des femmes condamnées des adoucissements notables dans le régime des travaux forcés et de la reclusion.

De là on peut tenir pour reconnu ce principe que la peine doit être appropriée à l'âge et au sexe du condamné et qu'on ne peut pas lui imposer de souffrance au delà de ce qu'il en peut supporter.

Rappelons enfin un autre principe également reconnu désormais par toutes les nations civilisées : c'est que la peine doit être ostensible, c'est-à-dire n'avoir rien de secret ou d'inavoué. L'exécution en doit être réglée par des actes officiels authentiques, conforme à ces actes, et doit se faire dans des conditions de contrôle et de surveillance telles, qu'elle puisse être vérifiée à toute heure. C'est là, sous une autre forme, le principe de publicité qui, s'il est inadmissible pour l'information préparatoire, me semble nécessaire pour la garantie du jugement et de l'exécution.

§ 8. DE LA PEINE DE MORT.

Bien que j'aie déjà suffisamment laissé voir d'avance mon opinion au sujet de la peine de mort, je ne crois pas pouvoir me dispenser de l'exprimer ici tout à fait catégoriquement. Cette question a été tellement épuisée qu'il n'y a plus, ce me semble, le moindre intérêt à la discuter une fois de plus, ni la moindre espérance d'y découvrir, au point de vue de ceux qui en demandent l'abolition, des arguments nouveaux. Aucun de ces arguments ne me semble décisif.

Rien qu'au point de vue de la discipline militaire et de la police de la mer, cette peine est reconnue absolument indispensable.

Maintenue dans ses limites naturelles, celles de la légitime défense, elle seule peut préserver l'existence des individus et des peuples contre les attentats qui les menacent continuellement. La mort d'un assassin n'est pas moins juste lorsqu'il a réussi à tuer sa victime que quand celle-ci, en se défendant, aura échappé au meurtre et l'aura tué lui-même : dans l'un et dans l'autre cas l'individu ou la société ne font qu'user du droit de la guerre, droit que tous les hommes reconnaissent comme la seule sanction de la justice et de la vérité parmi les peuples.

Je ne crois pas utile d'insister davantage, et pourvu que la peine de mort ne soit précédée ou accompagnée d'aucun acte de barbarie ni suivie d'aucune exécution contre le cadavre ou la mémoire du condamné, elle constitue, ainsi que l'atteste la pratique universelle du genre humain, une peine incontestablement légitime.

Telles sont, ainsi que je viens de les exposer dans ce chapitre, les conditions auxquelles devra satisfaire la peine pour répondre à ce principe de nécessité morale qui me semble dominer la théorie de l'incrimination aussi bien que celle de la peine. Il nous reste à aborder maintenant la troisième question du droit de punir.

CHAPITRE XIII

TROISIÈME QUESTION : QUEL EST LE RAPPORT ENTRE LE FAIT PUNISSABLE ET LA PEINE ?

Cette question, comme celle de l'incrimination, comme celle de la peine, peut être examinée à deux points de vue. En pratique, il suffirait de relever toutes les infractions et de mettre en regard de chacune la peine dont elle est punie par la loi : on pourrait, de la comparaison entre ces deux échelles, déduire une règle empirique de proportion pour les nouvelles incriminations à intervenir. Et si, par le résultat de cette comparaison, on arrivait à reconnaître que les lois existantes ont observé la proportion nécessaire entre le délit et la peine, la mesure qu'on cherche serait trouvée.

Malheureusement, lorsqu'on vérifie de près l'origine des systèmes de pénalité, on voit que cette origine est elle-même purement empirique, de sorte que la règle qu'on en voudrait déduire ne s'appuierait en définitive sur rien, l'origine elle-même des peines n'ayant rien de plus fixe ni de plus sûr que les déductions qu'on en aurait tirées.

Si donc on voulait s'en tenir à la pratique justifiée par elle-même, il n'y aurait qu'à appliquer la loi pénale telle qu'elle est et sans chercher d'autre théorie de la peine.

Mais l'évidence des choses, les inconvénients et les abus qu'on a tous les jours lieu d'observer, et enfin le peu de principes qui se dégage péniblement de la confusion où l'on marche, me semblent montrer que l'échelle comparative des infractions et des peines est loin d'être établie justement, et que le rapport entre ces deux quantités n'a jamais été sérieusement recherché, si l'on en juge par les résultats.

De là il faut conclure que l'état actuel de la législation ne fournit pas d'éléments assez sûrs, et qu'il est nécessaire de rechercher d'abord en théorie, pour les appliquer ensuite en pratique, s'il est possible, des principes de proportion.

§ 1er. DONNÉES DU PROBLÈME.

La proportion peut être définie : une mesure commune entre deux quantités. Or ici les quantités sont différentes, ce qui en rend déjà la comparaison fort difficile : mais elles sont de plus indéfinies, et dès lors que prendra-t-on pour unité soit du délit soit de la peine ? Quel est le plus petit délit, quel est le plus grand crime, qui se puisse concevoir ; quelle est la peine la plus légère, quel est le châtiment le plus rigoureux, qu'on puisse imaginer, voilà les questions qu'il faudrait résoudre pour établir en théorie pure l'échelle des peines. Ces questions ainsi posées sont insolubles puisque, je le répète, le mal ni le châtiment n'ont point de limites et partant point d'unité qui les mesure.

D'un autre côté l'arbitraire traditionnel, c'est-à-dire l'imitation pure et simple, ayant été jusqu'ici l'unique source de la détermination et de la mesure des peines, on peut encore moins espérer d'y trouver la règle que nous cherchons.

Il faut tenir pour certain que toute question impossible à résoudre est mal posée, à moins qu'elle n'existe pas, et ici il n'y a pas à se demander si celle qui nous occupe est une question imaginaire.

Il faut donc qu'on ait oublié un élément du problème, et c'est celui-là même qui aurait dû tout d'abord sauter aux yeux des législateurs : la seule chose qu'on ait oubliée jusqu'ici, et qu'on oublie encore à l'heure qu'il est, c'est l'homme : si bien que, quand on considère au vrai l'état actuel du droit de punir, on a honte d'être obligé de s'avouer que s'aviser de songer à l'homme est une découverte !

Ni le code pénal de 1810, ni les réformes de 1832 et de 1863, n'ont donc rien changé au fond du système pénal du code de brumaire an IV, et le droit de punir, confiné entre le délit et la peine, n'a pas fait un pas et reste au point où il en était en 89.

Ainsi c'est à l'homme qui doit souffrir, et non pas à la vaine sagesse du législateur, qu'il faut « prendre mesure » de la peine.

Il faut évaluer comparativement la force de résistance du patient et le poids de souffrance qu'on peut lui imposer ; il faut supputer le nombre d'ans qui forme la durée de la vie, et y comparer la longueur des peines ; essayer de prévoir les effets qui en résulteront, non seulement pour le condamné, mais pour sa famille ; se demander si l'effet produit augmente continuellement à proportion de la durée, ou si la portée ne s'en épuise pas au bout d'un certain temps.

Cet examen achevé en la personne de l'individu, il

faut se rendre compte des résultats collectifs de toutes les peines prononcées isolément ; additionner la masse de travail et de vie que l'impôt de la peine retranche à la société, et voir si la multiplicité ne donne pas à cet ensemble de faits quelque portée imprévue, ainsi que je crois l'avoir indiqué dans la première partie de ce travail.

§ 2. MÉTHODE.

La recherche de la proportion entre le délit et la peine se fera donc par la même méthode que nous avons employée pour déterminer les conditions de l'incrimination et celles de la pénalité : ici comme toujours ce sera la méthode expérimentale, commençant par faire table rase des précédents et observant alors les faits comme s'ils se présentaient pour la première fois.

Je suppose un législateur imaginant actuellement des peines : croyez-vous que le bagne avec ses chaînes, la reclusion avec son affreux régime disciplinaire, pourrait lui venir à l'esprit? Non sans aucun doute : mais il trouve dans l'ancienne justice le bagne et la détention en commun, et tout en y faisant quelques modifications de détail, il en adopte le type.

Quand on veut faire faire une loi il faut bien prendre des légistes, et si indépendants, si révolutionnaires, que ces légistes puissent se croire, ils sont toujours forcément sous l'influence de leur éducation et de leur pratique professionnelle ; c'est là un effet du cours des idées, mais dans des conditions de force redoublée qui le rendent presque irrésistible.

Aussi est-on très frappé, en lisant les rapports qui précèdent les décrets disciplinaires et les lois pénales spéciales, de la hauteur de vues qui les inspirent. Les codes de justice militaire pour les armées de terre ou de mer sont manifestement supérieurs aux lois pénales de droit commun. Ce n'est pas seulement parce que ces codes sont venus plus tard : c'est surtout parce que ces militaires, ces marins, ces administrateurs, exerçant sur leurs justiciables un commandement, connaissent à fond leurs soldats et leurs matelots, ont à la fois pour eux la sévérité du chef et l'attachement du père, et qu'ils peuvent reconnaître avec précision le point où le sentiment de l'obéissance, qui constitue la moralité normale de ce peuple à part, ne suffit plus à assurer le service, et où des pénalités deviennent nécessaires.

Le législateur de droit commun, au contraire, n'a pas à proprement parler de justiciables : il les connaît un à un à mesure qu'ils comparaissent à la barre des tribunaux de répression, et il ne peut les étudier dans leur ensemble que dans l'état de démoralisation où les plonge l'emprisonnement en commun, dans l'état de dégradation presque incurable où ils demeurent longtemps ou toujours après qu'ils ont été libérés.

Je crois donc que, parmi notre législation pénale, les codes de justice militaire et le décret-loi disciplinaire pour la marine marchande seraient sur beaucoup de points des modèles à suivre en ce qui concerne la mesure des peines, parce que cette mesure y est prise dans la nature des choses et de l'homme beaucoup plus que dans l'arbitraire des précédents législatifs.

Ce que ces lois spéciales ont fait, la loi de droit commun pourrait le faire, avec plus de difficulté sans doute que pour ces mondes à part de la marine et de l'armée, mais non sans quelques données sur le point de départ, la direction à suivre et le but à atteindre.

Si l'on admet que la théorie de l'incrimination a besoin, comme j'espère l'avoir démontré, d'être reprise de fond en comble, et si celle de la peine doit l'être également, par la raison que ces deux théories ne reposent que sur l'arbitraire traditionnel, il me semble que les arguments dont je me suis servi pour l'une et l'autre de ces questions, et qui sont les mêmes, ne peuvent pas manquer de servir encore maintenant qu'il s'agit pour nous de chercher le véritable rapport entre l'incrimination, c'est-à-dire le délit, et la peine.

§ 3. Mesure proportionnelle.

Si j'ai bien observé et raisonné juste, les principes que j'ai posés et les conséquences que j'en ai tirées doivent nous fournir la mesure que nous cherchons ; et quand nous aurons rapproché notre théorie du fait punissable et notre théorie de la peine, la même méthode qui nous a servi à les établir devra nous servir à les accorder.

Cette méthode nous a conduits à déterminer, pour le fait punissable, les conditions suivantes ; qu'il soit nuisible ; qu'il ait nui en effet ; qu'il ait été commis avec une intention coupable ; qu'il ne puisse être réparé directement ou par des dommages-intérêts ; qu'il ne puisse être réprimé par voie administrative ou de police ; que la répression n'en ait pas lieu à titre simplement préventif d'une infraction punissable ; qu'il ne soit pas un acte de liberté naturelle ou professionnelle ; qu'il ne puisse pas être excusé à raison d'un des motifs reconnus par la loi ; qu'il n'ait pas été l'objet d'un jugement définitif précédent. Enfin nous avons reconnu que la distinction des infractions en crimes, délits et contraventions, ne pouvait plus être maintenue.

En ce qui concerne la peine, je me suis efforcé d'établir comme suit les conditions où elle doit être renfermée. Elle peut : faire souffrir le condamné, mais sans que ses souffrances puissent être atroces, sans qu'on puisse jamais lui infliger des blessures, des mutilations, ni le soumettre à un régime qui lui laisse des infirmités ou compromette sa vie. La peine ne peut se prolonger au delà de la mort par des exécutions quelconques contre le cadavre. A mon avis, que bien peu de personnes partageront, sans doute, la peine peut consister en châtiments corporels. Elle admet une privation limitée et momentanée de nourriture, mais non pas un jeûne continu. Le prisonnier doit être confiné, mais dans un espace suffisant pour vivre ; il ne peut être ni attaché, ni enchaîné, ni bâillonné, que dans les cas de nécessité, pour dompter ses révoltes. Il peut être soumis au travail, mais non jusqu'à épuisement, et ce travail peut comporter un certain risque de vie ou de santé. Il ne doit pas être soumis à la règle du silence.

Les peines non corporelles, que j'appelle personnelles, peuvent consister dans la privation de certains droits, dans l'éloignement d'un lieu déterminé, dans l'interdiction d'exercer certaines professions, mais non dans l'exil.

Les peines pécuniaires peuvent aller jusqu'à appauvrir le condamné, mais non jusqu'à le ruiner, à le réduire à la misère. Ce principe, qui a fait abolir la confiscation des biens, n'empêche cependant pas que celle des instruments d'un délit ne soit parfaitement légitime.

Enfin j'ai établi, comme principe applicable à toutes les pénalités, que la peine, si elle doit comporter nécessairement une honte et une humiliation, ne doit jamais être scandaleuse ou immorale par elle-même, ni démoralisante pour le condamné ; qu'il n'y doit être attaché ni déshonneur, ni infamie perpétuels, et qu'aucune flétrissure n'en doit imprimer la marque sur le corps du condamné ; qu'elle ne peut se prolonger à perpétuité par des peines accessoires. J'ai établi que le condamné ne pouvait, en aucun cas, être obligé à tenir lui-même la main à l'exécution de sa propre peine. J'ai rappelé que la peine doit être appropriée aux forces du condamné, ainsi que le fait d'ailleurs la loi en l'adoucissant à l'égard des femmes, des enfants et des vieillards. J'ai enfin montré comment la peine ne peut avoir aucun caractère de clandestinité, et doit être ostensible et publique.

Si ces principes venaient à être admis, comme ils

sont, ainsi qu'on peut s'en assurer par la comparaison, beaucoup plus doux que ceux des lois pénales
actuelles, ils amèneraient un progrès dans le sens de
l'humanité des peines, qui est en définitive le but
dont l'équation du délit avec la peine n'est que le
moyen : ils contiennent donc en eux-mêmes une
solution théorique du problème.

Pour faire passer cette solution dans la pratique,
il ne resterait plus qu'à faire, entre la force d'action
de la peine et la force de résistance de l'homme, le
travail d'évaluation comparative que nous avons
indiqué plus haut.

§ 4. Unités de force et de résistance.

Je crois qu'il ne serait pas difficile de trouver, dans
la durée ordinaire de la vie, dans la quantité de travail que peut fournir un homme, dans la moyenne de
la santé publique, des espèces d'unités de résistance
à opposer aux unités de force des peines corporelles.

A l'égard des peines que j'appelle personnelles, la
force morale, soit en résignation, soit en réaction, le
plus ou moins de résistance à la démoralisation, se
limitent entre un maximum et un minimum appré-
ciables et qui ne peuvent être dépassés.

En ce qui touche enfin les peines pécuniaires, le

prix de la journée de travail, la cote des impôts, la patente, l'importance des affaires ou de la fortune, donneraient des chiffres d'après lesquels on pourrait mesurer les amendes.

A côté de ces documents la statistique en fournirait d'autres, et sans accorder à ce système d'énumération universelle plus de confiance qu'il ne convient, il est incontestable que les comptes rendus annuels de la justice criminelle donnent des moyennes à l'aide desquelles on se fait une idée exacte de la marche de la répression. Au nombre et à l'intensité des peines prononcées, à la proportion des acquittements, on peut voir si la loi est trop douce ou trop sévère, et c'est ainsi que le législateur, devant certaines résis-tances bien constatées du jury ou des tribunaux, a été amené en 1863 à modifier plus de cent articles du code pénal.

Les recherches d'ensemble dont j'ai indiqué le programme à la fin de la première partie de ce travail ne manqueraient certainement pas de fournir des documents beaucoup plus nombreux et beaucoup plus précis pour la détermination de la mesure de la peine, mais les indications que j'ai cru pouvoir donner dès à présent me semblent suffisantes pour servir de point de départ et mettre la question en mouvement.

J'avoue que je ne puis pas faire davantage; qu'y

a-t-il au delà, *je ne sais pas :* l'expérience et l'étude seule de faits qu'on ne connaît pas encore pourront apporter des lumières sur cette très difficile et très délicate question.

D'ailleurs il y a une réflexion qui suffit à imposer silence à toute conclusion hypothétique, c'est qu'avant qu'on puisse s'occuper de proportionner la peine au délit, il faut que la définition des délits et la nature des peines aient été d'abord établies, car l'ordre des solutions doit suivre celui des questions à résoudre.

CHAPITRE XIV

CONCLUSIONS

Sans prétendre anticiper ici sur les résultats d'expériences et d'études que je sollicite comme nécessaires, je me crois obligé, pour préciser et résumer les principes que j'ai mis en avant, de les présenter sous l'aspect d'une application pratique. Je répète, quoique cela soit bien entendu, j'espère, que je le fais à titre d'exposé de la question ; que mes conclusions sont absolument provisoires, et que je ne les donne que comme un cadre où, en attendant ce que l'étude et les faits pourront nous apprendre, j'ai indiqué les applications les plus probables de ma nouvelle théorie du droit de punir.

Voici donc, pour l'incrimination, la peine et le rapport entre ces deux termes, le programme que je formulerais comme point de départ d'une réforme du droit pénal.

I. Aucune incrimination ne peut être établie, aucune peine ne peut être instituée, qu'en vertu d'une loi.

II. Nul fait n'est punissable :

S'il n'a pas nui et s'il n'a pas été, en même temps, commis dans une intention coupable ;

III. Si le préjudice social et le préjudice individuel qu'il a causés peuvent être directement et entièrement réparés ;

IV. Si le fait peut être prévenu par l'action de la police administrative ;

V. S'il ne constitue qu'une infraction à un règlement administratif ;

VI. S'il n'est que l'usage d'une liberté nécessaire ;

VII. S'il était légalement obligatoire pour l'agent ;

VIII. S'il était excusable aux termes de la loi.

IX. Les délits commis par les fonctionnaires dans l'exercice de leurs fonctions ne sont pas régis par la loi pénale, mais par une juridiction disciplinaire.

X. Nul ne peut être repris et jugé à raison d'un fait punissable qui aura précédemment donné lieu contre lui à un jugement passé en force de chose jugée.

XI. Dans les cas et aux conditions qui seront déterminés par la loi, le ministère public et les juges de l'information ou du débat pourront qualifier de disciplinaires, pour y appliquer une peine moindre, les infractions prévues par le code pénal et punies d'une peine plus grave.

XII. La mesure de toute peine est déterminée uniquement par l'écart entre le minimum et le maximum fixés par la loi, sans peine accessoire qui en prolonge l'effet au delà du terme fixé par le jugement.

XIII. Il n'y a point d'aggravations aux peines portées par la loi pour chaque infraction.

XIV. La partie lésée par une infraction punissable a toujours le droit d'intervenir en tout état de cause, devant le tribunal saisi de la poursuite, pour demander des dommages et réparations civiles.

XV. L'action civile en réparation d'un délit n'engage point celle du ministère public et ne saisit pas le tribunal de répression.

XVI. La responsabilité, la poursuite et le jugement, des complices d'une infraction, sont commis à l'arbitrage du ministère public et du juge de l'infraction.

XVII. La récidive n'emporte pas par elle-même une aggravation de la peine : elle est laissée à la considération du juge pour l'application de cette peine.

XVIII. Les lois de presse sont incorporées dans le code pénal ordinaire.

XIX. Elles répriment uniquement la violence, la diffamation et l'outrage publics ou non publics. La poursuite est exercée dans les formes ordinaires du code d'instruction criminelle.

XX. Une législation spéciale, en dehors du code pénal, régit la presse périodique.

XXI. La loi ne définit qu'une sorte d'infractions : la distinction entre les crimes, les délits et les contraventions, ainsi que les qualifications de peines de simple police, correctionnelles, afflictives ou infamantes, est abolie.

XXII. La réhabilitation des condamnés est abolie.

XXIII. Les peines prononcées par le code pénal sont :

a) La mort, sans aucun appareil, et réduite à la mise à mort pure et simple ;

b) Les travaux forcés pour cinq ans au plus ;

c) L'emprisonnement cellulaire, de trois jours à deux ans ;

d) L'emprisonnement cellulaire, aggravé de corrections corporelles et de jeûne, pendant un an au moins et trois ans au plus ;

e) Les corrections corporelles sans emprisonnement ;

f) Les travaux d'utilité publique dans les limites

de la commune ou du canton de la résidence du condamné ;

g) La privation, pour cinq ans au moins et pour dix ans au plus, des droits civils, civiques et de famille ;

h) L'éloignement, pour six mois au moins et pour cinq ans au plus, d'un lieu déterminé ;

i) L'amende ;

j) La confiscation des instruments ou tous autres objets quelconques ayant servi à commettre l'infraction ;

k) L'interdiction d'exercer, pendant cinq ans au moins et dix ans au plus, certaines professions.

XXIV. L'exécution des peines doit être ostensible et soumise à un contrôle permanent.

XXV. En aucun cas le condamné ne peut être obligé à assurer par ses actes personnels l'exécution de sa propre peine.

XXVI. Le régime et la discipline des peines et des établissements de détention sont déterminés par le code pénal, et ne peuvent en aucun cas être réglés par décret, ordonnance ou arrêté ministériel.

XXVII. Les peines portées par la loi sont réduites d'un quart pour les femmes, et de moitié pour les mineurs de seize ans et les sexagénaires. Aucune correction corporelle ne pourra être infligée aux condamnés de ces trois catégories.

XXVIII. L'institution du jury est abolie. Les infractions prévues par le code pénal sont jugées, en première instance par les tribunaux civils, et en appel, par les cours d'appel.

FIN.

RAPPORT

SUR

UNE MISSION SCIENTIFIQUE

EN SUÈDE ET EN NORWÈGE

RAPPORT

SUR

UNE MISSION SCIENTIFIQUE

EN SUÈDE ET EN NORWÈGE

———

Paris, le 20 novembre 1872.

Monsieur le Ministre,

Par arrêté de votre département, en date du 10 mai 1870, j'avais eu l'honneur d'être chargé d'une mission en Suède, en Norwège et en Danemark, à l'effet d'étudier la législation pénale, le système pénitentiaire et les origines du droit criminel dans ces contrées.

Mon séjour s'est prolongé en Suède et en Norwège depuis le 8 juin, date de mon arrivée à Malmö, jusqu'au 8 septembre. Les événements m'ont forcé à revenir en toute hâte, et je n'ai pu remplir la partie de ma mission relative au Danemark.

J'ai cru devoir, par cet exposé des faits, vous mettre à même de juger comment il y a eu cas de force majeure pour m'empêcher d'accomplir jusqu'au bout ma mission.

L'exposé succinct du résultat de mes recherches vous fera néanmoins voir, je l'espère, qu'en me mettant en possession de documents et de faits nombreux elles m'ont pourvu de nouveaux et précieux moyens d'étude : je m'efforcerai d'en profiter le plus possible dans mes travaux et de les faire connaître au public.

Je diviserai ce rapport, d'après la formule même de la mission qui m'avait été donnée, en trois paragraphes :

1º Origines du droit criminel en Suède et en Norwège, ce qui comprendra l'histoire du droit pénal dans ces contrées, son caractère, et enfin la bibliographie des sources ;

2º Analyse du code pénal actuellement en vigueur, éclairée par l'historique des travaux préparatoires et des précédents législatifs ou scientifiques qui en ont déterminé et accompli la promulgation ;

3º Exposé des théories et de la pratique du système pénitentiaire en vigueur dans les Royaumes-Unis.

§ 1er. ORIGINES ET SOURCES.

Les anciens documents scandinaves sont la source la plus importante des lois criminelles qui régissent encore aujourd'hui non seulement les peuples scandinaves proprement dits, mais aussi tous les peuples germaniques, y compris ceux du rameau anglo-saxon. Il y a entre les lois criminelles (et cela dans la théorie et dans la pratique) de cet immense groupe humain une analogie évidente, par opposition à une autre analogie non moins frappante qui relie entre elles les institutions judiciaires des peuples autochthones de l'Europe méridionale et occidentale, si abusivement confondus sous la qualification de « races latines ».

Au delà des documents scandinaves dont nous venons de parler il n'y a rien : c'est l'époque préhistorique du droit criminel, et l'inconnu qui borne cet horizon extrême est le même où l'on cherche les origines de la race scandinave ou normande.

Tout ce qu'on sait, c'est qu'au plus profond d'une antiquité démesurée, des voyageurs et des marchands venus du Caucase ont remonté le Volga et le Dnieper pour venir trafiquer avec les peuples du Nord ; que les Goths et les Suédois, refoulant les Lapons (ou une autre race inconnue) au nord, vinrent s'établir dans le midi de la péninsule; que plus tard, et environ un siècle avant J.-C., les Ases, de race gothique, vinrent s'établir au milieu de leurs anciens compatriotes, qui les reçurent avec bienveillance : leur chef était Sigge Fridulson, qui prit le nom d'Odin et fonda sur les bords du Mälar la ville de Sigtuna, métropole religieuse et royale du culte et du gouvernement qu'il voulait établir.

Ces faits, rapprochés des observations qu'on peut faire sur l'état actuel des mœurs, des coutumes, des lois et des institutions en Suède et en Norwège, donnent tout lieu de penser que le droit criminel scandinave a été apporté de l'orient, charrié, comme le reste du grand courant d'hommes et d'idées venus de l'Asie, à travers ces vallées et ces plaines où le cours des fleuves lui traçait un chemin.

Quoi qu'il en soit il est certain qu'à une époque de beaucoup antérieure aux origines du droit romain et grec, des peuples nombreux, intelligents, braves, humains, professaient et pratiquaient une théorie du droit de punir entièrement opposée à celle des Romains et des Grecs, théorie très élevée, très juste, et incontestablement supérieure. Elle peut se résumer ainsi : réparer le mal toutes les fois que c'est possible et, par conséquent, convertir la peine en argent, à moins qu'au lieu d'être particulier le dommage ne soit public, auquel cas le coupable doit être détruit ou écarté à jamais de la vie sociale. Rien de la théorie religieuse, introduite par le christianisme, de l'intimidation à exercer sur les coupables possibles par l'exemple du supplice infligé au coupable réel; rien non plus de la théorie de l'expiation, que le christianisme a poussée jusqu'aux plus effroyables excès par la torture, et qu'il avait empruntée au droit romain.

Malgré l'influence que le christianisme a exercée sur toutes les institutions des peuples de l'Europe, et qu'on peut justement comparer à ces débordements qui couvrent toute une contrée, mais qui finissent un jour ou l'autre par s'écouler plus ou moins vite selon que les eaux trouvent plus ou moins d'issues, les principes ethnologiques, si l'on veut bien me permettre cette expression, du droit de punir, ont survécu chez les peuples germaniques à l'action temporaire du catholicisme; la réforme les a ravivés, et plus l'influence religieuse se retire des institutions civiles, plus la sève de ces principes remonte dans cette vieille souche dont les rameaux couvriront bientôt l'univers, si quelque secousse ne vient ramener à son ancienne position cet axe du monde qui semble, comme au temps de Virgile, tendre à se déplacer pour chercher un équilibre nouveau.

Le grand intérêt de l'histoire du droit criminel des

peuples scandinaves et germains est précisément dans ce caractère de vitalité indestructible qui en a conservé les principes et le génie à travers des siècles d'influences contraires. Dans l'histoire du droit des autres peuples de l'Europe on ne trouve pas cela : ces peuples, tous dominés par les idées catholiques combinées avec les idées romaines, en sont encore à considérer le droit de punir comme une énigme, et leurs lois criminelles, par leur diversité, montrent combien ils sont peu d'accord sur les principes. Entre les peuples d'origine germanique, au contraire, il y a un accord, une unité de vues, qui frappe au premier abord : il suffit de rappeler, pour en donner une preuve, l'influence que le code pénal bavarois a exercée sur la rédaction des lois criminelles de presque tous les peuples du Nord.

Jusqu'au ixe siècle, la Suède, organisée en fédération, n'eut pas d'institutions judiciaires distinctes. Un juge, *lagman*, à la fois magistrat et gouverneur politique de chaque province, réunissait en sa personne tous les pouvoirs. Aujourd'hui encore les gouverneurs des provinces exercent des attributions judiciaires, et c'est un exemple, à noter en passant, de la puissance des traditions.

Sur cette époque il faut consulter :

Schlegel, traduction latine des *Gragas d'Islande*. Copenhague, 1829, 2 vol. in-4º.

Magnus Konongs Laga-Baeters Gula-Things-Laug. Copenhague, 1847, in-4°.

Schildener, *Gula-Lagh, d. i. Insel Gothlands altes Rechtsbuch, etc., herausgegeben von Schildener*. Greifswald, 1818, in-4°.

Paus (Hans), *Samling am gamle Norske Lov*. Kjobenhaven, 1751, in-4°.

Kolderup-Rosenvinge, *Samling am gamle Danske Love, Danske Gardsretter*, etc. Kjobenhaven, 1827-1837, 3 vol.

Paulsen (P. D. Ch.), *Ueber das Studium des Nordischen Rechts*. Kiel, 1826, in-8°.

Corpus juris Suevegothorum, éd. Collin et Schlyter. Stockholm, 1827-1830, 2 vol.

Grimm, *Literatur der Altnordischen Gesetze.*

Mittermaier, *Das Deutsche Privatrecht.*

Wilda, *Das Strafrecht der Germanen*. Halle, 1842, in-8°.

« Le droit de vengeance reconnu à l'individu ou à la famille de l'individu offensé, et limité seulement par la coutume, paraît avoir été l'un des principes essentiels de l'ancien droit pénal des Germains. Cependant les peines capitales, au moyen desquelles la société vengeait les crimes les plus graves, n'étaient pas inconnues aux peuples germains. Dans le principe, le coupable convaincu d'avoir commis un acte réputé infâme était déclaré, par le *thing* ou assemblée publique, proscrit ou hors la loi : *fredlös* (privé de paix), *vargus* (loup) *sit; faïdosus, feigi, fegh, utlægr, fredlös*, repoussé de la société et exclu de sa protection [1]. »

C'est dans cet état que le droit criminel maintint jusqu'à l'an 1000 les deux principes que nous avons présentés plus haut comme caractérisant le droit de punir chez les peuples scandinaves : point d'action publique contre les délits d'intérêt privé ; mise hors la loi de quiconque est devenu par son crime un ennemi public.

En 829, Ansgar le Saint catéchise pour la première fois les peuples scandinaves à la religion chrétienne. En l'an 1000, Olof Skötkonung, roi de Suède, se fait baptiser, et la religion nouvelle remplace désormais l'idolâtrie.

A partir de cette époque l'histoire du droit criminel scandinave ne se distingue plus de celle des autres lois criminelles de l'Europe. Pendant cette période obscure où toutes les forces du monde pensant restent retranchées derrière les murailles des cloîtres, on ne trouve aucun monument d'un droit qui d'ailleurs devait se réduire à bien peu de chose au milieu de ce déchaînement du mal qui désolait les premiers temps du moyen âge. A mesure que l'Église, sortant de son fort, prenait possession du monde,

---

[1] D'Olivecrona, *De la peine de mort*, Paris, Durand, 1868, in-8°.

elle étendait, sur le droit criminel, comme sur toutes les autres institutions dont elle était maîtresse, sa souveraine uniformité.

Birger Jarl en 1266, Magnus Ladulos en 1290 et Magnus Eriksson au XIVe siècle, rédigèrent pour la première fois les anciennes coutumes scandinaves : de là sortit la *Loï des campagnes* du roi Christophe, première codification d'un corps de droit applicable à toute la Suède. Rédigée par un clerc, ainsi que le laisse voir son style, cette loi manifeste pour la première fois le principe pagano-chrétien de l'intimidation par la peine et du droit divin consacrant la juridiction. De ce système se déduisait une série de théorèmes religieux, moraux et politiques, ou plutôt d'axiomes placés au-dessus de toute discussion, jugés indispensables au salut éternel de chaque individu en particulier et à la conservation de la société terrestre en général. Sans entrer ici dans le détail des applications de ce système, il suffit de s'en référer à l'histoire pour voir comment il ne pouvait pas ne pas aboutir, par l'abus inévitable des incriminations et des poursuites, à la torture et à l'inquisition. Étant donné un justicier mandataire de Dieu et responsable du salut des justiciables, la répression doit être telle que, de gré ou de force, le coupable soit amené à résipiscence, et qu'en même temps l'effet du mauvais exemple soit surpassé par la terreur du châtiment.

On retrouve donc dans la loi et dans la pratique
du moyen âge les mêmes traditions de férocité juridique que dans le reste de l'Europe. On peut même
dire que, sous ce rapport, jusqu'à la fin du xviii⁸ siècle, les lois suédoises sont plutôt en arrière de la
marche du progrès. Si, en 1335, Magnus Eriksson
édictait la peine de mort pour vol d'une poule, Gustave-Adolphe, par ses ordonnances des 2 août 1620
et 26 mars 1621, prononçait la même peine contre
quiconque aurait tué un cygne ou un élan. Le 7 août
1669, dix-sept personnes furent brûlées vives à Mora,
en Dalécarlie, pour prétendu crime de sorcellerie.
Le 21 février 1667, des étudiants de l'Université
d'Upsal, coupables d'avoir molesté des étrangers
venus à la foire de cette ville, furent condamnés, les
uns à mort, les autres à une relégation perpétuelle,
les autres à une relégation temporaire, et ils n'é-
chappèrent à l'exécution qu'en vertu d'une décision
gracieuse du roi. On conserve aux archives de la
cour de Svea, à Stockholm, un *Index rerum crimi-*
nalium, répertoire de la pratique criminelle du
temps, commencé en 1614 par André Bergius, qui
constate que les supplices les plus atroces, et notamment le bûcher, étaient habituellement infligés aux
coupables de blasphème, de sorcellerie, de sodomie,
de bestialité [1].

[1] D'Olivecrona, *De la peine de mort*, chap. i.

Comme de raison, ces crimes ou ceux qu'on prétendait tels ne faisaient qu'augmenter sous l'effet des rigueurs de la répression. Les meurtres, la bestialité, la pédérastie, jusqu'au milieu du XVIIIe siècle, provoquaient des ordonnances de plus en plus sévères, et quoique plusieurs réformes fussent venues modifier les lois, ce ne fut que sous Gustave III qu'il y eut un adoucissement positif. Ce prince était tout imbu des idées de Beccaria.

Gustave Wasa, en organisant régulièrement un état social jusque-là informe, imprima aux lois pénales ce caractère dominant d'intimidation et d'expiation religieuse qui, né du christianisme, se perpétua dans la législation jusqu'au code pénal de 1864.

La réforme, en s'efforçant de tout ramener à la Bible, alla chercher dans la loi mosaïque le principe et la sanction du droit de punir, et l'appendice ajouté par le roi Charles IX à la *Loi des campagnes* du roi Christophe fit voir qu'on suivait le même chemin quoiqu'on eût changé de point de départ, et aucun progrès ne fut obtenu.

Sous Gustave-Adolphe, de qui nous avons cité d'ailleurs ci-dessus deux ordonnances draconiennes, la force des mœurs tendait déjà à tempérer la rigueur des peines. Une réforme nécessaire s'imposait au gouvernement. Elle eut lieu par l'ordonnance de

la reine Christine du 18 mai 1653, et le résultat en
fut d'adoucir notablement les pénalités.

Enfin parut, en 1731 et 1734, le code Frédéric, l'un
des monuments législatifs les plus remarquables du
XVIIIe siècle. Ce code, tout en maintenant comme
principes dominants le talion, l'expiation religieuse
et l'intimidation, et bien qu'il édictât des supplices
tels que l'exposition sur la roue, l'amputation du
poing, que la civilisation réprouve, constituait un
immense progrès. Il est d'ailleurs intéressant en ce
qu'on y retrouve, à côté de conceptions nouvelles
sur le droit de punir, de nombreux vestiges des anciennes coutumes scandinaves. S'il incrimine la sorcellerie, le suicide, la bestialité, le stupre, l'inceste,
tous faits laissés de côté par les législateurs modernes, et si l'on déplore d'y retrouver des témoignages trop nombreux de l'ignorance et de la rigueur
du temps où il fut écrit, on y trouve sur l'imputabilité, sur la complicité, sur le vol, sur le détourne-
ment des objets trouvés, des dispositions ou des
solutions dont les unes manquent à nos lois, et dont
les autres sont encore, à l'heure qu'il est, abandonnées aux hésitations et aux incertitudes de la
jurisprudence.

Les sources du droit primitif de la Norwège sont
les mêmes que celles du droit suédois. Après sa première réunion à la Suède, qui eut lieu en 1397, en

exécution de l'Union de Calmar, ce royaume était indépendant et régi par les vieilles coutumes dont les recueils sont indiqués plus haut dans la partie bibliographique de ce travail. De 1397 à 1661 l'histoire de ce pays et de ses institutions se confond avec celle du Danemark, auquel il finit par être incorporé après une période de demi-indépendance sous le régime de l'Union de Calmar. A partir du temps de Gustave Wasa, la Norwège fut purement et simplement une province danoise jusqu'en 1814, où le traité de Kiel, signé le 14 janvier, l'unit à la Suède dans les conditions d'indépendance où elle se trouve encore aujourd'hui.

Les principes du vieux droit norwégien ne diffèrent pas d'ailleurs de ceux du droit suédois. Une seule réforme, celle de 1687, marqua un progrès dans la législation danoise qui régissait la Norwège. Le code de Christian V peut être comparé sous beaucoup de rapports au code Frédéric : dans tous les cas il a eu la même importance et a rempli à peu près le même rôle, car il a aussi subsisté jusqu'au code pénal norwégien de 1842, qui ressemble lui-même au code suédois de 1864 et répond au même besoin de progrès.

§ 2. ANALYSE DU CODE PÉNAL ACTUEL.

Préparé par une série d'ordonnances qui, depuis l'année 1823, avaient constamment tendu à l'adoucissement des peines, le code pénal suédois de 1864 fut élaboré sous l'influence et à la lumière des sentiments les plus élevés et des travaux les plus mémorables dont il fût possible de s'inspirer. Comme pour tout ce qui se fait chez nos amis du Nord, on procéda avec cette lenteur et cette maturité dont toutes les institutions de la Suède font voir les heureux résultats.

Un premier projet fut rédigé en 1832 par le *Lag-Committéen,* puis revu et corrigé par la commission du *Lag-Beredning* (élaboration de la loi), et publié en 1844 sous le titre de *Projet de Code pénal.* Ainsi on a mis dix ans à discuter le projet définitif et trente-quatre ans à arriver de la conception à l'exécution.

Les travaux législatifs, les ouvrages théoriques de tous les peuples civilisés, ont été mis à contribution par les hommes éminents et consciencieux qui à des degrés divers ont concouru à ce travail. Le code pénal bavarois a exercé, il faut le reconnaître, une grande et d'ailleurs juste prépondérance sur le ré-

sultat des délibérations. Néanmoins on est frappé,
en étudiant le code suédois, de l'indépendance que le
législateur a su garder à la fois en conservant tout
ce qui peut être maintenu des traditions nationales,
et en imprimant un cachet d'originalité à une œuvre
dont les matériaux étaient tirés de tant de sources
diverses.

Le code pénal norwégien, dont les dispositions
présentent les plus grandes analogies avec celui de
la Suède, a été promulgué dès 1842. Il a donc donné
le signal de la réforme. Le code pénal de Hanovre
est son modèle. Il a été élaboré par vingt années de
discussions préparatoires. Plus rigoureux peut-être
dans le fond de sa doctrine, il considère la société
comme responsable de la moralité du peuple. Aux
yeux du législateur norwégien, la loi pénale ne doit
pas se borner à être l'exercice et la sanction du droit
de légitime défense contre le dommage causé par
l'infraction : elle doit encore être un moyen de forcer
l'homme à observer envers lui-même et envers la
société tous les devoirs que la conscience commande.

Dans ce code et dans le code suédois aussi on remarque avec une sorte d'étonnement le soin qu'a
pris le législateur de déduire en détail les applications de principes que notre code abandonne d'ordinaire à l'arbitrage du juge. Nous ne sommes pas
habitués à voir le législateur régler aussi minutieu-

sement les cas d'imputabilité, de complicité, d'aggravation ; à le voir ériger en incriminations des faits
que nous considérons comme de simples immoralités
échappant, pour une raison ou pour une autre, à
l'action de la loi répressive. Chez nous, pour des
raisons très obscures et très compliquées dont l'ensemble m'échappe, je l'avoue, il est convenu que la
loi doit parler en style d'oracle : il semble pourtant
qu'une loi qui s'explique nettement et complètement,
comme celle de la Suède et de la Norwège, devrait
inspirer plus de confiance.

Nous ne pouvons songer à entreprendre ici l'exposé
complet de la loi pénale en Suède et en Norwège :
nous nous bornerons dans ce rapport à en signaler
les points principaux, ceux surtout où elle présente
des différences avec notre législation. Nous ferons
porter cette analyse sur le code suédois, qu'on peut
considérer comme différant très peu du code norwégien.

Les peines sont : la mort ; les travaux forcés à
perpétuité ou à temps (de deux mois à dix années) ;
l'emprisonnement, de deux mois à dix années ; l'a-
mende, de 5 à 500 rixdales riksmynt (le rixdale vaut
1 fr. 43 cent. et une fraction 143...). Dans tous les
cas où la peine de mort est prononcée, la peine des
travaux forcés à perpétuité lui est alternative ; il n'y
a qu'une exception à cette règle ; c'est pour le cas

d'un crime passible de la peine de mort commis par un condamné aux travaux forcés à perpétuité : dans ce cas il n'y a pas de choix, et c'est la mort (ch. II, § 1, 5 et 6).

Le code pénal est en même temps la loi disciplinaire des fonctionnaires de tout ordre. La suspension et la destitution leur sont appliquées par les tribunaux ordinaires, dans les cas d'incrimination définis par le code pénal.

L'amende peut être convertie en emprisonnement au pain et à l'eau à l'égard des insolvables. Cette disposition, renouvelée du code Frédéric [1], est réglementée dans son application par une table d'équivalence insérée dans le texte du paragraphe 10 du chapitre II. Dans la pratique, cette peine est peu usitée, et elle est d'ailleurs restreinte aux seuls cas où elle reste compatible avec l'humanité (ch. V, § 11), de sorte qu'en fait elle a surtout une action comminatoire pour contraindre les débiteurs d'amendes à se libérer.

Le système de la loi sur l'imputabilité est à la fois très consciencieux, très large et très sévère. La loi, par exemple, réduit la peine en faveur du complice par instigation si, avant la perpétration de l'acte par l'auteur principal, l'instigateur a fait tout ce qui

---

[1] *De Pœna*, chap. V, § 4.

dépendait de lui pour en détourner le coupable
(ch. III, § 1er). Les degrés d'instigation ou de coopération, les relations d'âge, de position ou de parenté
entre les complices et les auteurs du fait punissable,
atténuent ou aggravent la peine réservée au complice
(ch. III, § 2, 4, 7).

Le défaut de dénonciation peut, dans certains cas
et sauf certaines réserves, devenir l'objet d'une peine,
si le fait non révélé était de nature à mettre en
grand danger la vie, la santé ou la propriété d'autrui
(ch. III, § 8, 9 et suiv.). Les complices par assistance
sont punis de la même peine que l'auteur principal
(ch. III, § 3, 5, 6).

A notre système sur le discernement on peut opposer avec avantage celui du code pénal suédois, qui
combine d'une manière très juste les divers degrés
de discernement d'après l'âge de l'enfant, et, en
même temps, d'après la gravité de l'infraction (ch. V,
§ 1 à 3).

Sur l'imputabilité, la loi (§ 6) tranche, par une
solution qui semble hardie et qui est très sage et très
juste, la terrible question de cette demi-liberté qui
pour moitié laisse le coupable se livrer au crime et
pour moitié l'y pousse, et qui amène si souvent
devant la justice des hommes qu'il est également
injuste de considérer comme des innocents ou comme
des coupables. Les Anglais ont des établissements

spéciaux qui, officiellement, sont affectés à la détention de cette catégorie de coupables : dans la réalité,
et à part un petit nombre d'applications sincères de
la théorie qu'ils sont censés mettre en pratique, ces
établissements fonctionnent surtout en vue des acquittements scandaleux qui souvent rendent à la
liberté de véritables bêtes féroces. Qu'on s'imagine
Lacenaire ou Tropmann acquittés par une de ces
décisions du jury comme on en voit tant chez nous :
en France, il faudra attendre que l'acquitté ait commis un nouveau crime, car c'est chose convenue que
chez nous on n'a pas le respect de la loi ; chez nos
voisins qui, comme on nous le répète sur tous les
tons, sont des modèles à imiter sous ce rapport,
comme on ne peut rien contre le jury, la société,
que l'accusé veut égorger, use du droit de légitime
défense et viole bravement la chose jugée plutôt que
de laisser violer la justice. Et c'est là qu'il faut admirer l'énergie et l'indépendance du génie anglais.
Nos amis de Suède, ayant su se préserver de l'institution du jury en matière criminelle, ont pu mieux
faire, et c'est par la loi elle-même qu'ils ont pu remettre aux mains de juges éclairés la solution de
ce problème de la demi-culpabilité, qui nous semble
un paradoxe inouï en France, et qui, aux yeux de ce
peuple sage et humain, ne fait pas question.

Nous retrouvons le même esprit de modération et

de sagesse dans les dispositions relatives à la récidive, mieux réglée que chez nous, au cumul des peines (ch. iv), et à la prescription, dont les mesures sont moins rigoureuses (ch. v, § 4).

La loi suédoise, par les §§ 8 et 14 du ch. xiv, tranche en droit ce que nous sommes habitués à voir juger en fait, lorsque nous la voyons édicter des peines contre ceux qui, dans une mêlée où quelqu'un aura reçu des blessures, ne peuvent être positivement reconnus comme auteurs de tel ou tel acte. Un tel genre d'incrimination ne serait pas admis chez nous, et la conséquence est qu'en France on a beaucoup de chances d'être acquitté en se mettant à plusieurs pour assommer un homme, tandis qu'en Suède on est sûr d'être tout au moins puni pour avoir fait partie d'une rixe où un homme a trouvé la mort.

Les peines du vol sont variées suivant les circonstances, et la valeur de l'objet volé (distinction à laquelle nous avons été forcés de renoncer à cause des difficultés de la discussion et des scandales des décisions du jury sur ce point), sert à une division très juste entre le petit vol et le vol grave (ch. xx, § 11). Dans notre code pénal, le fait de l'escalade, de l'effraction par un individu, même trouvé porteur de fausses clefs, de pinces, d'armes, n'est pas punissable s'il n'a pas été accompagné d'une tentative de vol. Le code suédois incrimine ce fait en lui-même

et le punit des travaux forcés pour six mois au plus
(ch. xx, § 9). La loi n'hésite pas non plus à incriminer le vol entre parents, qui chez nous n'est pas
puni (ch. xxii, §§ 20 et suiv.).

Pour tout ce qui concerne les délits contre les
mœurs, la théorie du droit de punir diffère profondément de la nôtre. Le législateur français, dominé
dans une grande mesure par les idées de Bentham,
s'est constamment appliqué, et là plus que partout
ailleurs, à n'incriminer un acte immoral qu'autant
qu'il peut être nuisible à autrui. Il est certain que la
loi suédoise va plus loin, et que par ses dispositions
en cette partie elle punit le vice en lui-même. Punir
l'homme non marié qui aura eu des rapports char-
nels avec une femme non mariée (ch. xviii, § 7), punir celui qui, à l'aide d'un faux nom ou d'une fausse
qualité, aura entraîné une femme à devenir sa fiancée, ou qui aura dissimulé, en se mariant, son impuissance ou une maladie incurable et contagieuse
(ch. xxii, § 8), c'est, au point de vue de la doctrine
utilitaire, empiéter sur le domaine de la morale pure ;
on pourrait ajouter que c'est revenir à la théorie du
droit de punir tel que l'Église l'a compris et exercé
autrefois. Mais reste à savoir où commence le droit
de punir et où finit la morale pure : or tous ces faits,
que nous ne punissons pas, sont pourtant bien aussi
nuisibles que le vol d'un fagot.

La loi suédoise punit l'inceste, les relations contre nature, la bestialité (ch. xviii, §§ 1, 2, 5, 10), que notre législateur n'a pas voulu incriminer par horreur du scandale, et que la police est obligée de poursuivre, que la justice ne manque jamais de réprimer sous une autre qualification, tant il est vrai que l'impunité en serait abominable. Pourquoi ne pas mettre la loi en accord avec la réalité des choses, et que gagne la morale publique à ce privilège, accordé chez nous aux plus dégoûtants de tous les crimes, de ne pouvoir être atteints qu'indirectement et à travers une fiction qui ne trompe personne ?

Le système de l'attentat à la pudeur et du viol est aussi bien préférable au nôtre. Les limites d'âge sont déterminées avec plus de justice, et plusieurs cas, sur lesquels nous en sommes réduits à compter sur la fixité de la jurisprudence, sont réglés par les dispositions formelles de la loi : par exemple, le viol sur une femme hors d'état de se défendre (ch. xv, §§ 12, 13, 14, 15 ; ch. xviii, § 7). La théorie de l'adultère a pour point de départ l'assimilation complète entre les droits de chacun des deux conjoints. Comme chez nous, ce fait est puni d'une peine correctionnelle (ch. xvii, §§ 1, 2, 3).

Le chapitre xiv, *De l'assassinat, du meurtre et des actes de violence*, exigerait à lui seul une étude

approfondie. Des distinctions judicieuses, des incriminations qui ont longtemps manqué à nos codes,
une meilleure définition de l'empoisonnement, des
dispositions parfaitement entendues sur les cas sub-
sidiaires à l'infanticide ou à l'abandon d'enfant, font
de cette partie du code un véritable modèle à suivre
(ch. XIV, §§ 18, 22, 29). C'est dans cette partie du
code qu'on voit le duel incriminé franchement et
puni de peines variant, suivant le cas, depuis six
mois d'emprisonnement s'il n'y a eu que blessure légère ou point de blessure, jusqu'aux travaux forcés
à perpétuité si les conventions portaient que le duel
ne finirait que par la mort d'un des combattants,
et qu'en effet la mort s'en soit ensuivie (ch. XIV,
§ 38).

Le faux et la fausse monnaie sont punis bien moins
sévèrement que chez nous (ch. XII, §§ 1 et 12). Le
système de répression de l'incendie a beaucoup de
rapports avec le nôtre (ch. XIX). Les dispositions
concernant la piraterie, la baraterie, matières qui,
dans notre droit pénal, donnent lieu à de si terribles
difficultés tout en présentant des lacunes considérables, sont là formulées assez simplement pour
qu'un seul article y remplace, et avec avantage, les
onze incriminations de notre loi spéciale du 10 avril
1825 sur la piraterie. Dans un autre sens, la loi pénale suédoise est plus complète que la nôtre sur les

naufrages, matière où nous en sommes encore réduits à l'ordonnance de 1681 sur la marine.

Chez un peuple aussi libre, aussi calme et aussi sage que le peuple suédois, on ne s'étonnera pas de trouver une rigueur extrême pour tout ce qui touche au respect de l'autorité. Les chapitres IX et X contiennent, sur les crimes de lèse-majesté et sur les infractions commises contre l'autorité publique, des peines dont on peut avoir une idée lorsqu'on saura que les violences envers un fonctionnaire sont punies de deux à six mois de travaux forcés (ch. X, § 1). Il en est de même de l'outrage à la religion, des violences exercées sur une personne qui assiste au service divin : la peine est de deux années de travaux forcés, mais peut toutefois être réduite à un emprisonnement s'il y a eu peu de scandale ou si le coupable n'a agi que par légèreté (ch. VII, § 1 ; ch. XI, § 1).

À part un petit nombre d'exceptions déterminées par la loi fondamentale, la règle est que tout fonctionnaire civil (et même militaire s'il n'est pas chef de corps) est inamovible et ne peut être ni destitué, ni déplacé, ni même promu à un autre emploi que sur sa propre demande (*Loi du 6 juin 1809 sur la forme du gouvernement*, §§ 35 et 36), à moins qu'il n'ait été condamné après instruction et jugement. Les juridictions exceptionnelles qui constituent chez

nous ce qu'on appelle la discipline n'existent pas
en Suède. Les fonctionnaires trouvent dans le droit
commun une justice plus rude à affronter peut-être,
mais qui a l'immense avantage de ne pas mettre le
sort d'un fonctionnaire à la merci des risques de
toute sorte inséparables de toute juridiction d'exception. On ne punit pas seulement les actes de for-
faiture, mais la négligence, l'imprudence et jusqu'à
l'incapacité (ch. xxv, § 17). Ce système donne de plus
grandes garanties à l'intérêt du fonctionnaire, mais
notre théorie de la discipline, qui saisit le fonctionnaire dans tous ses actes, même de la vie privée, et
qui déclare le fait disciplinaire imprescriptible, est
certainement supérieure.

Les lois de presse et sur la diffamation, sur la
calomnie, sur la dénonciation calomnieuse, par leur
simplicité, contrastent singulièrement avec la pro-
digieuse multiplicité de nos lois sur la matière. Cette
simplicité est due à la liberté de la presse, dont les
principes sont : pas d'obstacle préalable ; droit pour
l'auteur de soumettre tout écrit à l'examen préalable d'une commission et de ne pouvoir être poursuivi si l'écrit est approuvé ; droit de publier tous
actes et procès-verbaux de l'autorité publique, sauf
ce qui concerne les affaires diplomatiques, militaires
et de banque de l'État (*Loi du 16 juillet 1812 sur la
liberté de la presse, § 2 ; Loi sur la forme du gou-*

vernement, § 108) ; jugement par un jury, ce qui est
le seul cas où le jury soit employé en Suède. Les
peines de la dénonciation calomnieuse peuvent s'élever jusqu'à six années de travaux forcés. La preuve
du fait calomnieux est admise, mais seulement si ce
fait est punissable légalement : c'est là une distinction fort juste et autrement raisonnable que le système par suite duquel on est punissable pour avoir
traité de voleur un homme qui vient d'être condamné
aux travaux forcés pour vol (ch. xvi, §§ 1, 4, 6,
8, 13).

La liberté individuelle est aussi l'objet d'éner-
giques dispositions. Une ordonnance royale du 16 février 1864 détermine dans les plus minutieux détails
les cas et les conditions de la détention préventive,
ainsi que le régime des prisonniers. En présence
d'une législation aussi éclairée, on s'étonne de voir
subsister la loi du 13 juillet 1853, qui permet de
détenir administrativement un vagabond pendant
deux ans, et un forçat libéré d'une condamnation
à plus de deux ans, pendant deux ans aussi. Et cette
incarcération sans jugement pouvant se renouveler
incessamment, on peut citer l'exemple d'un homme
ayant passé trente ans de sa vie en prison, sans avoir
pendant ce temps commis une seule infraction punissable. Un autre, qui n'avait commis qu'un vol de
5 rixdales, a été détenu pendant quinze ans à diverses

reprises, et ces détentions réunies ont coûté à l'État 7,500 rixdales, soit 10,712 fr. 50 cent.

Une importante observation s'impose d'elle-même lorsqu'on jette un dernier regard sur le code pénal suédois : c'est que ce code, monument de sagesse et de haute intelligence, et qui suffit largement aux intérêts et aux besoins moraux et politiques d'un peuple grand malgré son petit nombre, ne contient pas plus de 437 incriminations, y compris les délits de presse, tandis qu'en France nous avions en 1868 plus de 2,400 incriminations, auxquelles on a ajouté, depuis, chaque année. Les réflexions à tirer de là pourraient donner lieu à plus d'une conclusion que l'objet et les bornes de ce travail ne comportent pas, mais le fait doit être noté.

Le code pénal norvégien, *Lov Angaaende For-brydelser*, a été promulgué le 20 août 1847 ; il a remplacé le code danois de Chrétien V, qui datait de 1687 et dont quelques dispositions restent encore en vigueur sur des points que le code actuel n'a pas réglés. Le code pénal de Hanovre a servi de base à ses dispositions. Vingt années de discussion l'ont préparé. Le système d'incrimination est à peu de chose près le même qu'en Suède, et toutes les observations que nous avons faites sont, dans la mesure de ce qui importe pour notre travail, applicables aux deux codes.

Mais l'échelle des peines est beaucoup plus variée en droit norwégien. Il y a, outre la peine de mort, cinq degrés de travaux forcés avec servitude pénale : à perpétuité ; de douze à neuf années ; de neuf à six ; de six à trois ; enfin, de trois ans à six mois. De même pour l'emprisonnement : de quatre à trente jours au pain et à l'eau ; de seize à cent vingt jours, et enfin de trente-deux à deux cent quarante jours, avec nourriture ordinaire.

Les Norwégiens ont eu l'honneur de précéder de dix-sept ans leurs frères de Suède dans la grande œuvre de la réforme pénale, et leur code, eu égard aux différences que comporte la différence du génie propre des deux peuples, doit être d'autant plus admiré qu'il a préparé les voies au code suédois : chacun des deux peuples peut donc être, à des titres divers, également fier de son œuvre [1].

§ 3. THÉORIE ET PRATIQUE DU SYSTÈME PÉNITENTIAIRE.

En Suède et en Norwège on trouve, pour répondre aux besoins de la répression à ses divers degrés, des

[1] Voir, sur la loi pénale de Norwège, l'excellent article de M. Te-naille-Saligny, dans la *Revue historique* du droit français et étranger, tome VIII, p. 342.

établissements analogues à nos prisons de simple police, à notre dépôt de la préfecture, à nos prisons d'arrondissement et de département, et enfin à nos bagnes.

L'ouvrage du prince Oscar, depuis roi de Suède sous ce nom, et qui parut à Leipsig, en 1841, sous le titre de : *Des peines et des prisons,* donna le signal de la réforme pénitentiaire dans les Royaumes-Unis. M. le docteur Holst, aujourd'hui encore secrétaire de l'Université de Christiania, avait dès 1823, dans ses *Réflexions sur les prisons modernes de l'Angleterre, et de la nécessité de l'amélioration de celles de la Norwège,* provoqué et éclairé le mouvement de l'opinion publique sur cette grande question, et il a continué depuis, tant comme administrateur que comme publiciste, à défendre et à propager le système de séparation des détenus dont le *Booksvinslet* de Christiania offre un spécimen des plus intéressants.

Telle est l'origine de ce mouvement qui, soutenu en Suède par le prince Oscar, a amené le système pénitentiaire, à travers une série de discussions et d'essais dont l'histoire serait inutile ici, à l'état où nous le voyons aujourd'hui.

En Suède, pas plus qu'en Norwège, il n'y a de système général. Dans l'un comme dans l'autre pays, ce n'est pas le titre, mais la durée de la peine, qui détermine le régime de la détention.

Dans le *Straff-och Arbestfangelset* (maison des travaux forcés) de Longholmen, à Stockholm, aussi bien que dans le *Fœstning Strœfensbach* (id.) de Trondhjem et encore dans le *Booksvinslet* de Christiania, on trouve des condamnés aux travaux forcés, tantôt seuls, comme à Stockholm et à Trondhjem, tantôt réunis, comme à Christiania, à d'autres catégories de condamnés ; et d'un autre côté, en Norwège comme en Suède, on détient dans les simples prisons provinciales des condamnés aux travaux forcés pour peu de temps.

Le régime des bagnes est à peu près le même dans les deux pays, sauf qu'en Norwège les condamnés ont un anneau de fer rivé autour du cou, tandis qu'en Suède ils n'ont pas de fers.

La discipline se réduit en Suède à isoler le prisonnier dans la cellule de punition. En Norwège, outre la cellule sombre, on emploie la camisole de force et la bastonnade sur les fesses jusqu'à vingt-cinq coups ; une tartine beurrée constitue la récompense pour bonne conduite. L'exécution de toute peine des travaux forcés commence et se termine toujours par un emprisonnement plus ou moins prolongé dans une cellule de réflexion où l'âme du condamné s'isole et se replie sur elle-même. Il est difficile de constater quelle action ce traitement exerce sur la conscience de gens sans moralité et sans intelligence, mais il faut reconnaître que philosophiquement c'est là une admirable conception.

Les maisons de détention des deux royaumes sont, les unes cellulaires, les autres non. La Suède a trente établissements cellulaires, un par province. Les frais de construction, pour un total de 2,033 cellules, ont été de 4,050,000 rixdales, soit près de 7 millions de francs. Depuis l'année 1845, où le chiffre des détenus était, comparé à la population, de 1 sur 521, l'effet du système cellulaire a été d'abaisser cette proportion à 1 sur 907, près de moitié, en 1865, quoique dans le cours de cette période on ait édicté la peine de l'emprisonnement contre les vols commis pour la première ou seconde fois, et qui n'étaient jusque-là punis que d'une amende.

Ainsi en dix ans le système cellulaire a fait diminuer la criminalité de près de moitié. Il faut remarquer que ce résultat s'est produit avant la réforme pénale de 1864, par conséquent sous un régime pénal inférieur au régime actuel. Voilà un des nombreux faits qui démontreraient l'évidente et absolue nécessité du système cellulaire, si cette question, comme tant d'autres, n'avait pas été infectée par ce souffle de l'esprit de parti qui étouffe la voix des hommes d'étude et d'administration sous les cris des philanthropes de conférences.

Les prisons provinciales sont cellulaires; le mo-

dèle est en général celui en T. En Suède, c'est le
système pensylvanien, avec séparation absolue, travail solitaire. En Norwège, on se rapproche d'Au-
burn : séparation de nuit, travail en commun.

La Norwège a quatre bagnes (*slaverierne*) et
quatre maisons centrales (*tugthusene*). Le régime de
ces maisons centrales, sauf celle de Christiania dont
nous parlerons à part, se rapproche de celui de nos
établissements du même genre. Les détenus couchent
par chambrées dans les ateliers mêmes où ils travaillent. Ils sont assujettis à la règle du silence, dont
les femmes sont au contraire dispensées. Ils ont droit
à une partie du bénéfice de leur travail. Un quartier
cellulaire reçoit les disciplinaires en punition, et sert
de lieu de réflexion, pour plus ou moins de temps,
à tout condamné lors de son entrée dans la prison ; les punitions sont peu rigoureuses et l'aspect
de la physionomie des détenus est beaucoup moins
sombre et concentré que celui qu'on observe dans
les bagnes de Trondhjem, Bergen et Christiansand.

Le *Booksvinslet* de Christiania est, pour la préfecture d'Agershuus, à la fois bagne et maison centrale.
Recevant indistinctement des forçats, des réclusion-
naires et des correctionnels, cet établissement peut
être considéré comme une vaste expérience comparative instituée à côté du régime officiel pour arriver
à un système définitif. C'est le système pensylvanien

dans toute sa rigueur, avec séparation continuelle
de jour et de nuit, travail solitaire dans la cellule,
privation de toute communication avec les parents,
sauf une fois par trimestre pendant les vingt premiers
mois et deux fois par trimestre après cette période.
Les punitions disciplinaires sont : le cachot noir jusqu'à cinq jours ; la douche froide, pendant trois minutes au moins et quinze minutes au plus ; le jeûne
au pain et à l'eau pendant cinq jours au plus. La
douche se donne dans un bain. C'est le châtiment le
plus redouté des prisonniers, qui poussent des cris
affreux tout le temps qu'il dure. Au reste, on ne s'en
sert presque jamais, puisqu'en un an il n'y a eu guère
qu'un exemple.

Le *Booksvinslet* de Christiania peut être considéré
comme un des plus beaux établissements pénitentiaires de l'Europe. Il a 248 cellules et contenait, au
moment où je l'ai visité, 220 détenus.

Malgré la rigueur de ce régime, beaucoup de condamnés sollicitent comme une faveur d'y subir leur
peine. C'est que toute peine est réduite au tiers lorsqu'elle est subie dans cet établissement : de plus,
l'isolement et la dispense de contact avec des malfaiteurs sont très recherchés par tout condamné qui
a conservé de bons sentiments. Aucune peine au-
dessous de quatre mois n'y est subie.

Les résultats de ce système ne sont pas moins

frappants que ceux du même système en Suède ; il faut même remarquer qu'ici il s'agit, non de la mora-lité générale, à laquelle on peut attribuer des causes diverses, mais de la moralité de l'établissement, prise entre quatre murs, si l'on peut ainsi parler, et abso-lument réduite à elle-même. *Or, en vingt ans, parmi tous les détenus qui ont passé dans cette prison, il y a eu trois cas de récidive !*

Il est vrai que parfois certains détenus ne peuvent pas supporter ce régime : ceux-là on les envoie dans les maisons centrales.

Il est encore vrai que quelques-uns deviennent fous.

Pour apprécier la valeur de cette objection, qui chez nous a renversé le projet de réforme péniten-tiaire dans l'opinion du public incompétent, il fau-drait d'abord avoir constaté quelle a été la vraie cause de la folie de ces détenus, car la plupart des aliénistes professent que la folie est presque toujours héréditaire. Quand on aurait éclairci cette première question de fait, resterait à décider si une société, pour empêcher une dizaine d'hommes par année de devenir fous, a le droit de condamner chaque année trois cent mille hommes (dont plusieurs milliers sont d'honnêtes gens), qui passent annuellement dans nos prisons de France, à venir s'empoisonner à l'air pes-tilentiel de nos bagnes et de nos maisons centrales.

Ce n'est pas ici le lieu de discuter ; mais tous ceux qui ont vu de près nos maisons centrales et les êtres qu'elles rendent à la société en échange des malheureux qu'on leur jette, reconnaîtront qu'il n'y a pas de régime plus corrupteur, parce qu'il n'y en a pas de plus atroce. Le silence imposé à des hommes qui se voient et se touchent est un supplice plus cruel que la bastonnade, que les chaînes de fer. Sous ce rapport le système de Christiania et celui des prisons de Suède est donc bien supérieur à celui qui régit les bagnes des deux royaumes et les prisons des chefs-lieux de préfecture en Norwège autres que Christiania.

Les questions de travail et de régime des détenus, l'ordre et la magnifique tenue des établissements pénitentiaires en Suède et en Norwège, donneraient lieu à bien des observations intéressantes et profitables, mais elles sortiraient du cadre de mes études, qui ont surtout pour objet la partie scientifique et légale de la répression. Je suis toutefois heureux de pouvoir annexer à ce rapport : un exemplaire du compte rendu de la justice criminelle en Norwège pendant l'année 1865 ; un rapport sur l'administration des prisons de la Norwège ; une photographie du Booksvinslet de Christiania, et enfin le règlement du bagne de Longholmen, à Stockholm, avec l'état des détenus au jour de ma visite, et deux notes du régime

alimentaire de cet établissement, pour le semestre
d'été et pour le semestre d'hiver.

Je ne puis clore ce rapport sans consigner ici le
témoignage de ma reconnaissance pour l'accueil dis-
tingué qu'en ma personne tous, depuis le souve-
rain jusqu'aux fonctionnaires de tout rang, ont fait
à mon pays.

Sa Majesté Charles XV, dont la Suède pleure
encore la perte, a daigné me recommander, par un
billet écrit de sa main, à M. le général Bildt, grand-
gouverneur de Stockholm, qui m'a fait accompagner
partout et ouvrir toutes les portes. Les gouverneurs
des provinces, les consuls, et à Christiania, M. le
secrétaire de l'Université Holst, ont mis à ma disposition tous les moyens de recherche et tous les documents qui pouvaient me servir. En Suède, M. d'Olivecrona, conseiller à la Cour suprême, l'éminent
auteur de tant d'ouvrages sur le droit criminel, m'a
éclairé tout à la fois de ses renseignements, de sa
science et de ses ouvrages, où j'ai puisé largement
pour tout ce qui concerne l'histoire et les théories ;
j'ai trouvé le même appui auprès de M. le conseiller
Strandberg, son collègue, qui est lui aussi un des
hommes les plus distingués de la Suède. M. Hallager,
conseiller à la Cour suprême de Norwège, et à qui
je dois les mêmes remercîments et le même hom-
mage, m'a fourni sur l'organisation judiciaire de son

pays et sur la répression en général, les renseignements les plus précieux.

Cette beauté morale qu'on voit dans la justice de
la Suède et de la Norwège ne brille pas seulement
dans l'ordonnance et dans l'aspect des établissements
de répression. Les séances des tribunaux, auxquelles
j'ai voulu assister, sont d'un calme et d'une simplicité qui impose le plus profond respect. Si l'on n'y
voit point de juges et d'avocats affublés des costumes
d'un autre âge, on y voit des hommes graves et dignes
traiter, sans tragédie et sans comédie, des intérêts
de leurs concitoyens ; et ce n'est pas dans ce sage
pays qu'on verra jamais la barre d'une enceinte de
justice servir de tréteau et de marchepied à l'ambi-
tion des orateurs.

Veuillez agréer, Monsieur le Ministre, l'expression
de mon respect.

Eugène MOUTON.

LE BOOKSVINSLET

MAISON DE DÉTENTION CELLULAIRE DE CHRISTIANIA [1]

Cette maison de détention, établie dans la capitale de la Norwège depuis une cinquantaine d'années, est un des plus parfaits spécimens du système cellulaire dans toute sa rigueur. L'organisation de cet établissement et les résultats que son régime produit sont dignes de l'attention des personnes qui se préoccupent du problème si grave de la répression. Les détails que nous allons donner ont été recueillis par nous en visitant cet établissement. Nous avions pour guide M. le docteur Holst, secrétaire de l'université de Christiana, et qui a été le promoteur de la réforme pénitentiaire dans les royaumes-unis.

---

[1] Nous croyons utile, pour compléter les documents relatifs au régime de l'emprisonnement cellulaire en Suède et en Norwège, de reproduire ici une étude spéciale sur le Booksvinslet de Christiania, que nous avions publiée dans le *Journal officiel* du 2 mars 1874.

Le Booksvinslet est un immense édifice formé de trois galeries convergeant autour d'un centre commun, d'où les employés peuvent surveiller d'un seul regard toutes les cellules. Il a trois étages, dont les deux supérieurs sont desservis par des balcons auxquels on accède par des escaliers tournants en fer. L'établissement contient 248 cellules. 220 détenus y étaient enfermés lors de notre visite.

La dimension et l'aménagement des cellules ne diffèrent en rien de ce qu'on peut voir dans nos maisons cellulaires de France ; mais le transport des portions de nourriture pour chaque détenu se fait par un moyen très ingénieux, qui consiste en un chariot roulant sur les deux balustrades des galeries.

Les détenus sont soumis au régime de l'isolement le plus absolu, avec obligation de travail. Ils ne sortent de leurs cellules que pour aller au préau, où ils sont seuls, ou pour assister, rangés en file le long des corridors, aux offices divins. Mais dans ce cas ils sont séparés l'un de l'autre par des cloisons verticales en planches.

L'établissement contient une école où l'enseignement se donne en commun, ce qui permet de résoudre un des problèmes les plus difficiles, celui de l'instruction des détenus.

Faute d'un personnel suffisant, il arrive presque partout qu'un ou deux instituteurs, obligés de se transporter successivement dans plusieurs centaines de cellules, ne peuvent suffire à la tâche. Au Booksvinslet de Christiania, la classe est disposée cellulairement de telle façon, que les détenus voient et entendent l'instituteur, que celui-ci les voit et les entend, et qu'entre eux ils ne se voient pas.

Jusqu'à ce que le condamné ait subi un an et huit mois de sa peine, il ne peut recevoir la visite de ses parents que tous les trois mois. A partir de cette période, les parents peuvent venir le voir toutes les six semaines.

Le Booksvinslet renferme les individus condamnés aux travaux forcés et désignés par l'administration. Les bagnes, *slaverierne*, existent à Trondhjem, à Bergen et à Christiansand ; mais dans ces établissements les forçats ont un collier de fer rivé au cou, et travaillent et couchent en commun. Au Booksvinslet, au contraire, le forçat n'a point de fers et est préservé de tout contact avec d'autres coupables.

Mais il y a bien plus, c'est que la durée de la peine est de droit réduite au tiers, si cette peine est subie au Booksvinslet. La raison de cette diminution est dans la rigueur du régime cellulaire. Une peine de six ans est donc réduite à deux ans. En aucun cas d'ailleurs la peine, quelle qu'en soit la durée, ne peut être abaissée au-dessous de quatre mois. Malgré les rigueurs du régime, la faveur de subir la peine à

Christiania est très recherchée et n'est accordée que comme une sorte de grâce.

La plus grande partie du personnel de service de la maison est formée d'anciens détenus, ce qui fait voir au premier abord combien le régime en est moralisateur. Au reste il est fort rare qu'on accorde des diminutions de peine par voie de grâce.

La nourriture des détenus se compose d'une soupe à la bière le matin ; deux fois par semaine, on leur donne une portion de lait ; les autres jours ils ont de la bière. Deux fois par semaine, ils ont de la viande de cheval, avec le pain de seigle. Leurs cellules sont chauffées à 13 degrés Réaumur.

Les moyens d'action disciplinaire diffèrent de ceux qu'on emploie dans les bagnes de Trondhjem, Bergen et Christiansand, où la bastonnade est encore en vigueur. A Christiania, on ne frappe jamais les détenus, mais les châtiments corporels n'en sont que plus redoutables. Il y a d'abord le cachot noir dans une cellule absolument obscure ; il y a ensuite le jeûne au pain et à l'eau : la durée de ces deux peines ne dépasse pas cinq jours.

La douche froide est le moyen d'action le plus terrible.

La douche se donne dans une baignoire carrée, en bois, avec un couvercle maintenu par une barre, la tête du patient sortant par une ouverture. La bai-

gnoire est pleine d'eau tiède ; on verse lentement sur
la tête des seaux d'eau froide pendant quatre minutes.
Cette opération si simple à décrire est un véritable
supplice, pendant lequel le patient pousse des cris
affreux. Autrefois on douchait tout le corps ; on avait
même aggravé ce traitement, en suspendant l'homme
par les bras et en lui projetant la douche par côté. On
a dû renoncer à ces deux pratiques à cause des dangers qu'elles présentaient pour la vie des prisonniers.

Cette peine n'est appliquée que très rarement : une
fois par an tout au plus. Elle est réservée pour les
cas les plus graves, qui sont : la simulation de folie,
la tentative ou simulation de tentative de suicide, et
enfin les actes de violence envers les gardiens.

On ne saurait méconnaître, sans nier l'évidence,
que le régime cellulaire, tel qu'il fonctionne à Christiania, a pour effet de porter les détenus au suicide
et de provoquer la manifestation de la folie. De 1851
à 1868, en dix-sept ans, on a eu à constater 3 sui-
cides et 51 cas de folie, ce qui, eu égard à la population de l'établissement, représente une proportion
d'aliénés de 1,32 pour 100 par année.

Mais il faut tenir compte d'une autre considération, c'est que la folie est héréditaire neuf fois sur
dix, et voir si la plupart des détenus qui deviennent
fous n'ont pas apporté avec eux le germe fatal : considération d'autant plus puissante que les ressem-

blances sont plus effrayantes entre les criminels et
les aliénés. Nous en attestons sur ce point l'expérience de quiconque, comme les médecins légistes et
les magistrats du ministère public, est appelé par
position à observer les uns et les autres.

Le travail, on peut l'affirmer après avoir visité le
Booksvinslet de Christiania, fait à lui seul contre-
poids à tous les inconvénients du régime cellulaire.
Il maintient la vie et la santé du détenu au cours de
cette peine qu'on peut comparer à une longue et
effroyable opération. Dans la solitude et dans le silence de la cellule, l'outil, l'établi, deviennent pour
le prisonnier des compagnons, des êtres presque ani-
més, auxquels il s'attache, et qu'il aimante, oserai-
je dire, de toute cette puissance d'affection qui rem-
plit la créature humaine.

Rien n'est touchant comme de voir le pâle sourire
de ces malheureux lorsqu'on leur dit quelque mot
bienveillant sur leur ouvrage ou sur leurs outils.
Dans une des cellules, nous avons vu une machine à
carder, qui a été construite il y a plusieurs années,
sur un simple plan qu'on lui avait procuré, par un
prisonnier dépourvu de toute notion de mécanique.

A l'expiration de sa peine, ce détenu est allé s'é-
tablir dans la vallée de Gudbrundalen, en Norwège,
où il s'est fait une existence honorable en réparant
des machines à coudre. Un autre prisonnier occupe

maintenant la cellule et fait fonctionner la machine : il l'aime et la soigne avec une véritable affection.

La fabrication des joujoux en bois sculpté, des chaises, des petits traineaux de fer pour patiner assis sur la glace, le cardage de la laine, la confection des paillassons, occupent les prisonniers. On évalue à neuf shillings par jour, tous frais de nourriture déduits, le produit net du travail d'un détenu.

Nous avons vu dans une cellule un individu, récidiviste pour la sixième fois, condamné pour vol à quatre ans de travaux forcés. Cet homme qui, au moment de notre visite, avait déjà subi trois ans et un mois de sa peine, gagnait 2 francs par jour à faire des paillassons. Il avait donc pu supporter le régime du pénitencier assez bien pour pouvoir produire un travail presque égal à celui d'un ouvrier libre. La plupart des autres détenus que nous avons visités paraissaient être en bonne santé, à part quelques-uns qui étaient dans un état d'anémie très visible.

Dans l'espace de vingt ans, sur tous les détenus qui ont passé par le Booksvinslet, 3 récidives seulement ont été signalées, soit 0,15 récidive par an pour 220 détenus.

Eugène MOUTON.

TABLE

————

Achevé d'imprimer pour la première fois le 15 janvier 1887,
par CERF ET FILS, imprimeurs-éditeurs,
rue Duplessis, 59, à Versailles.

LIBRAIRIE

LÉOPOLD CERF

CATALOGUE

II.

PARIS

13, RUE DE MÉDICIS, 13

—

1886

LIBRAIRIE LÉOPOLD CERF, 13, RUE DE MEDICIS, PARIS.

L'UNIVERSITÉ

JOURNAL DES QUESTIONS D'INSTRUCTION PUBLIQUE

CONTENANT LE

BULLETIN DE LA SOCIÉTÉ

POUR

L'ÉTUDE DES QUESTIONS D'ENSEIGNEMENT SECONDAIRE

Non unius libri.

Rédacteur en Chef : LÉOPOLD CERF

PRIX DE L'ABONNEMENT :

Un an... **10 fr.**

PARAISSANT LE 10 ET LE 25 DE CHAQUE MOIS

Les abonnements partent du 1er de chaque mois.

On s'abonne sans frais dans tous les bureaux de poste.

L'ENSEIGNEMENT SECONDAIRE

DES JEUNES FILLES

REVUE MENSUELLE

FONDÉE ET DIRIGÉE

Par CAMILLE SÉE

AVEC LE CONCOURS DE

CARNOT
Sénateur, Ancien Ministre
Membre de l'Institut.

E. LEGOUVÉ
Membre
de l'Académie Française.

Henri MARTIN
Sénateur,
Membre de l'Académie Française.

Germain SÉE
Professeur à la Faculté,
Membre de l'Académie de Médecine.

Le prix de l'abonnement est de **12** francs pour toute la France,
de **13** francs pour l'Étranger.

UN NUMÉRO.. **1 fr. 25**

Les deux premières années du journal sont en vente au prix de 12 fr. l'an.

PUBLICATIONS
DE LA
SOCIÉTÉ HISTORIQUE ET CERCLE SAINT-SIMON

BULLETIN
DE LA
SOCIÉTÉ HISTORIQUE
ET
CERCLE SAINT-SIMON

Les communications relatives à la rédaction du Bulletin doivent être adressées à M. COUDERC, secrétaire, au siège de la Société historique, au Cercle St-Simon, 215, boulevard Saint-Germain et 2, rue St-Simon.

Les numéros parus contiennent, en dehors du compte-rendu des actes de la Société, l'analyse des conférences; un échange de questions et de réponses entre les Membres du Cercle, des demandes et des offres de livres, etc., etc.

Prix de l'abonnement, un an.............. 8 fr.

LE PACHA BONNEVAL
Par Albert VANDAL
Très jolie plaquette in-18, papier teinté....................... **3 fr.**

L'EXPANSION DE L'ALLEMAGNE
Par J. FLAMMERMONT
Très jolie plaquette, in-18, papier teinté.................... **2 fr.**

LE ROLE ET LES ASPIRATIONS DE LA GRÈCE
DANS LA QUESTION D'ORIENT
Par D. BIKÉLAS
Très jolie plaquette in-18, papier teinté..................... **2 fr.**

LES SERVICES PUBLICS
DE PROTECTION DE L'ENFANCE
Par Loys BRUEYRE
Très jolie plaquette in-18, papier teinté.................... **2 fr.**

LES ARTELLES
ET LE MOUVEMENT COOPÉRATIF EN RUSSIE
Par W. LOUGUININE
Très jolie plaquette in-18, papier teinté.... .... **2 fr.**

LES CONVERSIONS DE RENTES
Par Raphaël-Georges LÉVY
Très jolie plaquette in-18, papier teinté..................... **2 fr.**

Exemplaires de luxe numérotés de tous ces ouvrages

BIBLIOTHÈQUE HISTORIQUE DE LA LANGUE FRANÇAISE

Publiée sous la direction de A. CHASSANG

OUVRAGES PARUS :

LA DEFFENCE ET ILLUSTRATION

DE LA

LANGUE FRANCOYSE

Par IOACHIM DU BELLAY

*Reproduite conformément au texte de l'édition originale,
avec une introduction et des notes,*

Par EM. PERSON
Professeur au Lycée Charlemagne.

Le texte a été collationné avec le plus grand soin sur l'édition originale de 1549, dont le titre est reproduit en *fac-simile*. Une introduction, des notes philologiques et littéraires, un glossaire complètent l'édition.— M. Em. PERSON y a joint le texte moins connu du *Quintil Horatian*, de Ch. FONTAINE, qui parut pour la première fois, à Lyon, en 1551.

Édition désignée pour le concours d'agrégation.

Un volume in-8º. Prix..................................... **5 fr.**

REMARQUES

SUR LA

LANGUE FRANÇOISE

Par VAUGELAS

NOUVELLE ÉDITION PAR A. CHASSANG
Docteur ès lettres,
Lauréat de l'Académie française, Inspecteur général de l'Instruction publique.

Cette nouvelle édition, collationnée avec le plus grand soin sur le texte de 1647, contient en outre la *Clef inédite de Conrard*, les observations de Patru, de Th. Corneille et de l'Académie française (1704). Ces *Observations* pour chacune desquelles l'orthographe spéciale a été respectée fixent ainsi l'histoire de la langue française pendant un demi-siècle. — Un commentaire suivi, une table analytique des matières et une étude complète sur Vaugelas font de cet ouvrage l'édition définitive de Vaugelas.

Ouvrage couronné par l'Académie française.

Deux forts volumes in-8º. Prix........................... **15 fr.**

LIBRAIRIE LÉOPOLD CERF, 13, RUE DE MÉDICIS, PARIS.

ŒUVRES DE LITTRÉ

—

AUGUSTE COMTE

ET LA PHILOSOPHIE POSITIVE

Un volume in-8º...................... **8 fr.**

CONSERVATION, RÉVOLUTION

ET POSITIVISME

Deuxième édition, augmentée de remarques courantes,

Un volume in-12................ **5 fr.**

DE L'ÉTABLISSEMENT

DE

LA TROISIÈME RÉPUBLIQUE

Un volume in-8º...................... **9 fr.**

LIBRAIRIE LEOPOLD CERF, 13, RUE DE MEDICIS, PARIS.

LYCÉES & COLLÈGES

DE

JEUNES FILLES

DOCUMENTS, RAPPORTS ET DISCOURS

A LA CHAMBRE DES DÉPUTÉS ET AU SÉNAT

DÉCRETS, ARRÊTÉS, CIRCULAIRES, ETC.

RELATIFS A LA LOI SUR L'ENSEIGNEMENT SECONDAIRE DES JEUNES FILLES
AVEC CARTE FIGURATIVE

PRÉFACE

Par CAMILLE SÉE

Conseiller d'État.

2ᵉ ÉDITION

Un fort volume de 580 pages.

30 exemplaires sur papier de Chine, numérotés de 1 à 30...... **50 fr.**
30 exemplaires sur papier du Japon, numérotés de 31 à 60...... **40 fr.**

PRIX : 10 FRANCS

Pour les abonnés de la *Revue*:
Pris dans les bureaux. 8 fr. | *Franco*.................. **9 fr.**

L'ÉCOLE NORMALE

(1810-1883)

NOTICE HISTORIQUE. — LISTE DES ÉLÈVES PAR PROMOTIONS.
TRAVAUX LITTÉRAIRES ET SCIENTIFIQUES.

Un beau volume in-8º.................................... **12 fr.**

Cet ouvrage a été tiré à 500 exemplaires seulement.

MEMORIAL

DE

L'ASSOCIATION DES ANCIENS ÉLÈVES

DE

L'ÉCOLE NORMALE SUPÉRIEURE

(1846-1876)

Un volume in-8º de 521 pages. Prix.................. **7 fr. 50**

Prix spécial pour les Membres de l'Association.

LIBRAIRIE LÉOPOLD CERF, 13, RUE DE MÉDICIS, PARIS

COLLECTION A 3 FR. 50

LE GÉNÉRAL CHANZY
(1823–1883)
Par Arthur CHUQUET
Avec 4 cartes et le portrait du Général, par MASSARD fils.
5e ÉDITION
Ouvrage couronné par l'Académie française

L'AMIRAL COURBET
D'après les Papiers de la Marine et de la Famille
Par Emile GANNERON
Secrétaire-Rédacteur au Sénat.
3e ÉDITION
Ouvrage couronné par l'Académie française

GAMBETTA
Sa Vie et ses Vues politiques
Par E. NEUCASTEL

HENRI MARTIN
Sa Vie, ses Œuvres, son Temps
Par Gabriel HANOTAUX
Avec un portrait, par MASSARD fils.

LETTRES INTIMES DE HENRI IV
Avec une Introduction et des Notes
Par L. DUSSIEUX
Professeur honoraire à l'école militaire de Saint-Cyr.
2e ÉDITION

ESSAI SUR L'INFLUENCE FRANÇAISE
Par LEFEBVRE SAINT-OGAN
Ne ÉDITION

LIBRAIRIE LÉOPOLD CERF, 13, RUE DE MÉDICIS, PARIS

COLLECTION A 3 FR. 50

LA QUESTION DU LATIN
Par Raoul FRARY
5e ÉDITION

LE PÉRIL NATIONAL
Par Raoul FRARY
7e ÉDITION
Ouvrage couronné par l'Académie française.

MANUEL DU DÉMAGOGUE
Par Raoul FRARY
3e ÉDITION

LA FRANCE MERVEILLEUSE ET LÉGENDAIRE
Par H. GAIDOZ et Paul SÉBILLOT

LE BLASON POPULAIRE DE LA FRANCE
Par H. GAIDOZ et Paul SÉBILLOT

CONTES DES PROVINCES DE FRANCE
Par Paul SÉBILLOT

LA BULGARIE
Par Louis LEGER
Professeur au Collège de France.

LIBRAIRIE LÉOPOLD CERF, 13, RUE DE MÉDICIS, PARIS.

COLLECTION A 3 FR. 50

FUSIL CHARGÉ
Récit militaire
Par Eugène MOUTON
(MÉRINOS)
4ᵉ ÉDITION

SOUS PRESSE
LE DEVOIR DE PUNIR
Par Eugène MOUTON
(MÉRINOS)

LA PREMIÈRE INVASION PRUSSIENNE
(11 août — 2 septembre 1792)
Par Arthur CHUQUET
2ᵉ ÉDITION

ÉTUDES HISTORIQUES SUR LE XIVᵉ SIÈCLE
LA POLITIQUE DU ROI CHARLES V
LA NATION ET LA ROYAUTÉ
Par Charles BENOIST
Avec une préface de M. H. BAUDRILLART, membre de l'Institut.

HISTOIRE DU THÉATRE EN FRANCE
LES COMÉDIENS EN FRANCE AU MOYEN AGE
Par L. PETIT DE JULLEVILLE
Professeur-suppléant à la Sorbonne.
Ouvrage couronné par l'Académie française

LA COMÉDIE ET LES MŒURS EN FRANCE
AU MOYEN AGE
Par L. PETIT DE JULLEVILLE
Professeur-suppléant à la Sorbonne.

RÉPERTOIRE DU THÉATRE COMIQUE.
EN FRANCE
AU MOYEN AGE
Par L. PETIT DE JULLEVILLE
Professeur suppléant à la Sorbonne

Cet ouvrage a été imprimé avec luxe à petit nombr
et tous les exemplaires sont numérotés.

1 à 10 sur Japon à la main. Prix	60 fr.
11 à 20 sur papier de Chine. Prix	60 fr.
21 à 50 sur papier vergé. Prix	40 fr.
51 à 500 sur papier vélin du Marais. Prix	20 fr.

L'Atlantide de Mossen Jacinto Verdaguer, maître en gai savoir, un des quarante de l'Académie Catalane, poème traduit du catalan, par Albert SAVINE. Edition in-12, 1 vol. sur Chine, **7 fr. 50**. Edition in-12, papier vergé teinté, titre rouge et noir, **4 fr.** Edition in-8º, papier du Japon **40** fr.; Chine, **25** fr.; Hollande, **15** fr.; Vergé teinté . . . . **7 fr. 50**

Routes et Étapes, par Lucien AUGÉ. 15 eaux-fortes inédites par W.-T. GROMMÉ. Un volume in-8º jésus sur papier teinté. Prix . . . . **20 fr.**
50 exemplaires sur papier vergé de Hollande avec eaux-fortes avant la lettre. Prix . . . . . **40 fr.**

Conférences populaires. — **La Science, l'Homme au XIXᵉ siècle,** par Armand HAYEM, conseiller général de Seine-et-Oise. Petit volume in-18 . . . . **1 fr.**

Antibes et ses Souvenirs historiques. Petit volume in-12 . . . . **1 fr.**

La Crise agricole en Normandie, *conférence faite au Cercle Saint-Simon, le 25 Octobre 1884,* par Charles JORET, professeur à la Faculté des Lettres d'Aix, Membre de la Société des Antiquaires de Normandie. Brochure in-8º . . . . **1 fr. 50**

Histoire du Commerce de la France, par H. Pigeonneau, professeur suppléant à la Faculté des Lettres de Paris, professeur à l'École libre des Sciences politiques et à l'École des Hautes-Études commerciales, vice-président de la Société de géographie commerciale. Un volume in-8° avec carte, 2ᵉ éd. Prix.... **7 fr. 50**

Fancan et la Politique de Richelieu, de 1617 à 1627, par Léon Geley, agrégé de l'Université, maître de conférences à la Faculté de Douai. 1 vol. in-8°. **6 fr.**

Le Théâtre à Rome. *Origine. Jeux fescennins. Atellanes. Dispositions scéniques. Mimes. Pantomimes. La Tragédie. La Comédie. Andronicus. Ennius Nævius Pacuvius. Plaute et Térence*, par C. Hippeau, professeur de Faculté honoraire. Un volume in-8°. Prix............... **5 fr.**

Le Théâtre et la Philosophie au XVIIIᵉ siècle, par Léon Fontaine, professeur à la Faculté des Lettres de Lyon. Un volume in-8°. Prix................. **5 fr.**

Le Théâtre de Saint-Cyr, *d'après des documents inédits*, par Achille Taphanel. Un volume in-8°, beau papier vélin. Prix...................... **7 fr. 50**

Lettres intimes de Henri IV, *avec une introduction et des notes*, par L. Dussieux, professeur honoraire à l'école militaire de Saint-Cyr. Un vol. in-8°. Prix....................................... **7 fr. 50**

Histoire municipale de Versailles, *Politique, Administration, Finances (1787-1799)*, par Laurent-Hanin, Archiviste de la Mairie, ancien Juge au Tribunal de Commerce de Versailles, Président annuel de la Société des Sciences naturelles et médicales de Seine-et-Oise. Publiée sous les auspices du Conseil municipal. Un joli volume. Tome Iᵉʳ. Prix.. **7 fr. 50**

Histoire du véritable Saint Genest de Rotrou, par Léonce PERSON, professeur au Lycée Condorcet. Un volume, papier teinté............................ **3 fr.**
50 exemplaires numérotés sur papier vergé..... **6 fr.**

Histoire du Venceslas de Rotrou, *suivie de notes critiques et biographiques,* par Léonce PERSON, professeur au Lycée Condorcet. Un volume papier teinté.. **3 fr.**
50 exemplaires numérotés sur papier vergé...... **6 fr.**

Les papiers de Pierre Rotrou de Saudreville, *Secrétaire du Maréchal de Guébriant,* par Léonce PERSON, professeur au Lycée Condorcet. Un volume papier teinté à petit nombre............................. **3 fr.**

Étude sur la langue de Montaigne, par Eugène VOIZARD, docteur ès lettres, professeur agrégé au Lycée de Versailles. Un volume in-8°. Prix.. **7 fr. 50**

Le Fondement du savoir, par Paul LESBAZEILLES, agrégé de philosophie, docteur ès lettres. Un volume in-8°. Prix................................ **5 fr.**

Eustache des Champs, sa vie et ses œuvres, par A. SARRADIN, docteur ès lettres, professeur au Lycée de Versailles. Un volume in-8°. Prix.......... **5 fr.**

De la Concurrence déloyale et de la contrefaçon en matière de noms et de marques, par G. MAYER, docteur en droit, avocat au Conseil d'État. Volume grand in-8°. Prix............................. **3 fr.**

De Logica Spinozæ, par Paul LESBAZEILLES. 1 volume in-8°................................. **3 fr.**

De Josepho Iscano belli Trojani, par A. SARRADIN. 1 volume in-8° .... **3 fr.**

Tableau de la guerre des Allemands dans le département de Seine-et-Oise (1870-1871), par Gustave DESJARDINS, archiviste du département. Vol. in-8° avec carte, 2ᵉ édition.................... **3 fr.**
Exemplaires sur papier vergé .... **5 fr.**

Six mois au Mont-Valérien (1870-71), par Georges MOUSSOIR. Joli volume, petit in-18, pap. teinté.. **3 fr.**

Nouvelles Sentimentales, par G. BRUNEAU. Un vol. in-18......... .... **3 fr.**

Patrie, *Espérances et Souvenirs*, poésies, par Tertullien GUILBAUD. Un volume in-18.............. **3 fr. 50**

La Question coloniale et la Crise, par LEFEBVRE SAINT-OGAN. Une brochure in-8°............ **1 fr.**

L'Abbé Dermont, *le dossier de la défense*, par Louis BRUNET. Joli volume in-8°................... **3 fr.**

Ripaud de Montaudevert, *scène de la Révolution Française à l'île Bourbon*, par Louis BRUNET. Joli vol. in-18. Prix........................... **3 fr.**

Les Examens d'un Gendre, *comédie en un acte*, par Pierre CHATEAUGAY. Un volume in-16........ **2 fr.**

Angèle, *Bourbon-Madagascar*, par Pierre CHATEAUGAY (3ᵉ édition). Un volume in-18.............. **3 fr.**

Bureau restant, par BRUNEAU. Joli petit volume in-18. Prix...................... **1 fr. 50**

Réponse à la Question du Latin, par H. PIGEONNEAU. Brochure........................ **1 fr.**

Les Études classiques sans latin, *essai pédagogique*, par H. DIETZ, ancien élève de l'École Normale, agrégé des lettres et de langues vivantes. In-8°....... **1 fr.**

Le Latin de la décadence et la grammaire latine dans les Écoles normales primaires, par Léonce PERSON. Prix........................... **2 fr.**

LITTÉRATURE ÉTRANGÈRE

GŒTHE. — Gœtz von Berlichingen, *édition nouvelle avec introduction et commentaire,* par A. CHUQUET, ancien élève de l'École normale supérieure, agrégé de l'Université, lauréat de l'Académie Française. Joli volume in-18 cartonné à l'anglaise........ **2 fr. 50**

Hermann et Dorothée, *édition nouvelle avec introduction et commentaire,* par Arthur CHUQUET. Joli volume in-18 cartonné......................... **1 fr. 50**

Tableau de la Littérature allemande, par A. LANGE, professeur au lycée Louis-le-Grand, maître de Conférences à la Sorbonne.
Ce volume fait partie de la nouvelle Collection illustrée à **1** *fr.*

Tableau de la Littérature anglaise, par Léon BOUCHER, professeur à la Faculté des Lettres de Besançon.
Ce volume fait partie de la nouvelle Collection illustrée à **1** *fr.*

Étude sur la langue anglaise au XIVe siècle, par Adrien BARET, docteur ès lettres, professeur agrégé d'anglais au collège Rollin. Un volume in-8°. Prix **5 fr.**

La Littérature anglaise au XVIII° siècle, par T. S. PERRY, traduit et adapté de l'anglais par L. Lemarquis, prof. au lycée de Bar-le-Duc. 1 vol. gr. in-18. **3 fr. 50**

Le Monde slave au XIX° siècle, leçon d'ouverture du cours de langues et littératures d'origine slave professé au Collège de France, par M. Louis LEGER. Une brochure in-8°.............................. **1 fr.**

Études sur la Russie, par A. WYROUBOFF.
Le Communisme en Russie, grand in-8°. Prix......... **1 fr.**
Le Clergé russe, brochure grand in-8°. Prix............ **1 fr.**
Lettres de Russie, brochure grand in-8°. Prix........... **1 fr.**
De l'ivrognerie en Russie, grand in-8°. Prix........... **1 fr.**
Deux mois entre l'Europe et l'Asie, in-8°. Prix....... **1 fr.**
La Russie sceptique, brochure grand in-8°. Prix....... **1 fr.**
Le Prolétariat en Russie, grand in-8°. Prix........... **1 fr.**
La Russie dans le passé et dans le présent, gr. in-8°.. **1 fr.**

Le Conflit entre la France et la Chine, par Henri CORDIER, directeur de la Revue de l'*Extrême-Orient.* Brochure in-8°. Prix....................... **1 fr.**

ENSEIGNEMENT PRIMAIRE

Morale et Enseignement Civique, à l'usage des Écoles primaires (cours moyen et cours supérieur), par Louis LIARD, recteur de l'Académie de Caen, ancien élève de l'École Normale supérieure, licencié ès sciences, docteur ès lettres, agrégé de philosophie, lauréat de l'Institut. Un volume cartonné de 200 pages, papier teinté. Prix .... **1 fr. 25**

Premières leçons d'Histoire de France, par Mlle Mathilde SALOMON, directrice du collège Sévigné. Un volume in-18, broché .... **1 fr. 25**
— cartonné **1 50**

Manuel pratique pour l'application de la loi sur l'Instruction Obligatoire, par MM. Edm. BENOIT-LÉVY et F.-B. BUCANDÉ, préface par M. Jean MACÉ. Prix .... **1 fr.**

La Lutte contre la Misère, par M. Hippolyte MAZE, sénateur de Seine-et-Oise, rapporteur des projets de lois sur la Caisse de Retraite pour la vieillesse et sur les Associations de prévoyance mutuelle Adopté pour les Bibliothèques populaires et scolaires et honoré d'une souscription de M. le Ministre de l'Instruction publique, couronné par la Société d'encouragement au bien. Un volume in-18........................... **2 fr.**

Résumé de conférences agricoles sur les Engrais chimiques, leur emploi, leur efficacité, leur contrôle, par Gustave RIVIÈRE, publié sous les auspices du Conseil général de Seine-et-Oise. In-8°..... **1 fr.**

Manuel sur la Rage, par E. WARNESSON. Ouvrage honoré de la souscription du Ministre de l'Instruction publique et du Ministre de l'Agriculture, cartonné, avec 4 illustrations. Prix..................... **50 c.**

NOUVELLE COLLECTION ILLUSTRÉE A UN FRANC

Élégamment relié à l'anglaise........... **1 *fr.* 50**

Cette Collection s'attache aux sujets les plus intéressants, parfois les moins connus. Elle les présente sous une forme claire et vive. Le talent des auteurs qui y collaborent, l'agrément et l'exactitude des illustrations, le soin de l'impression, enfin l'extrême bon marché, ont attiré sur elle les appréciations les plus bienveillantes.

ONT PARU JUSQU'A PRÉSENT LES OUVRAGES SUIVANTS :

Le Siège de Belfort, par L. DUSSIEUX, professeur honoraire à l'école de Saint-Cyr.

L'Armée Romaine, par Léon FONTAINE, professeur à la Faculté des Lettres de Lyon.

Tableau de la Littérature Anglaise, par Léon BOUCHER, professeur à la Faculté des Lettres de Besançon.

Tableau de la Littérature Allemande, par Albert LANGE, professeur au lycée Louis-le-Grand, maître de conférences à la Sorbonne.

L'Espagne des Goths et des Arabes, par Léon GELEY, maître de conférences à la Faculté de Douai.

L'Arménie et les Arméniens, par J.-A. GATTEYRIAS, orientaliste.

Les Grandes Époques du commerce de la France au Moyen-Age, par H. PIGEONNEAU, professeur à la Faculté des Lettres de Paris.

Histoire des États généraux, par R. JALLIFFIER, professeur d'histoire au lycée Condorcet.

Les Races Humaines, par Abel HOVELACQUE, professeur à l'École d'Anthropologie.

La Monnaie, *Histoire de l'or, de l'argent et du papier,* par J.-A. DALSÈME, ancien élève de l'École polytechnique.

Les Basques et le pays basque, par Julien VINSON, professeur de l'Enseignement supérieur à Paris.

La Révolution française (1789 - 1804), par G. DHOMBRES, professeur au lycée Henri IV.

VERSAILLES. — IMP. CERF ET FILS, 59, RUE DUPLESSIS.

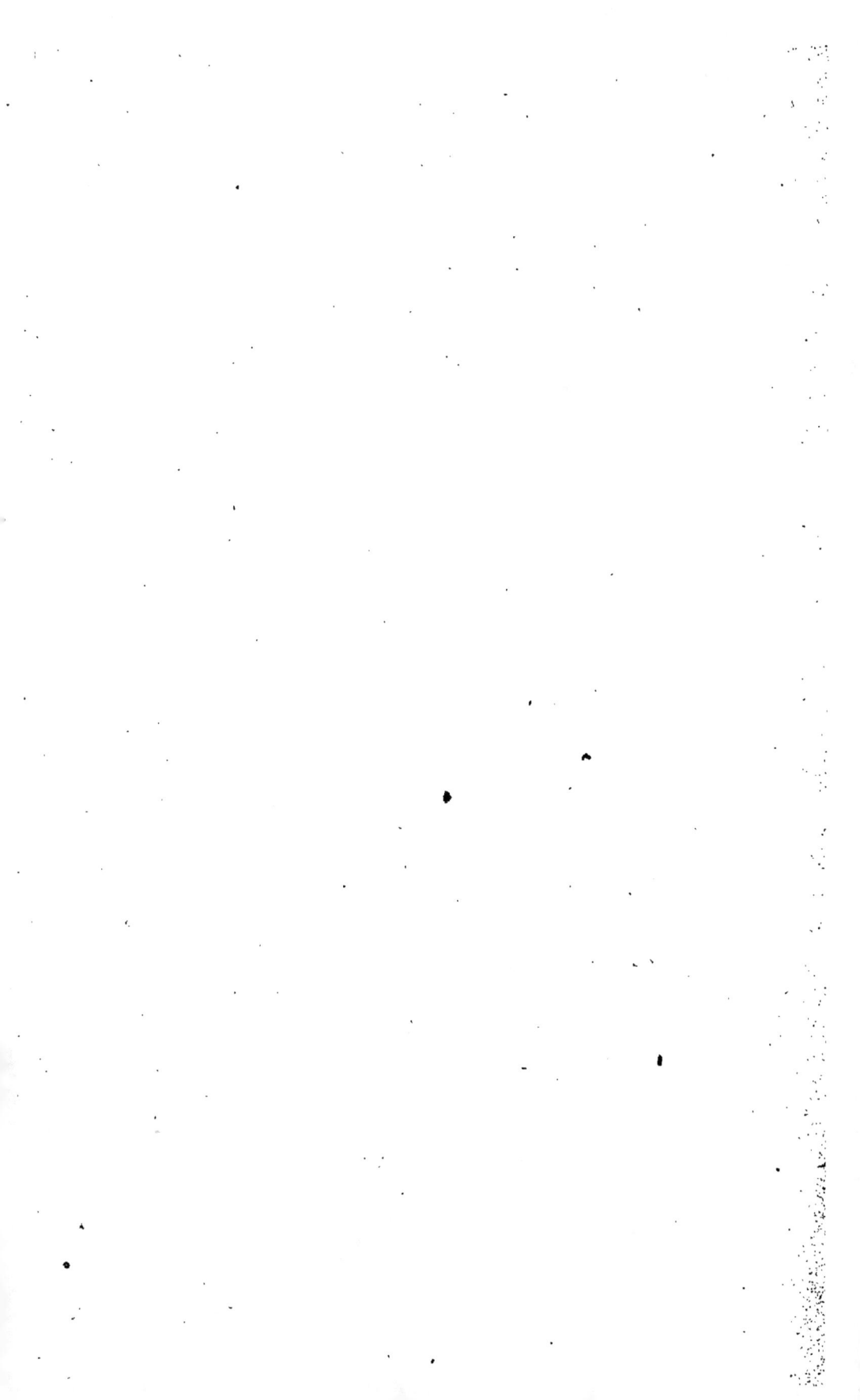